어떻게든 되겠지

우치다 다쓰루 지음 | 김경원 옮김

일러두기

1. 일본 인명과 지명은 국립국어원 외래어 표기법에 따랐다.

2. '역주'는 본문 하단 각주로 표기하였다.

3. 서적 제목은 겹낫표(『 』)로 표기하였으며, 그 외 인용, 강조, 생각 등은 작은따옴표(' ')를 사용하였다.
   * 예 : 『SF 매거진』, '철학', '신체론'

목차

제 1 장

태어났을 때부터 싫은 것은 싫다

소학교 때 등교 거부

시모마루코라는 동네

1950년 도쿄 오타구(大田區)의 시모마루코(下丸子)에서 태어났습니다.

우리 집은 아버지, 어머니, 두 살 위인 형, 이렇게 네 식구 가정이었습니다.

아버지는 1912년 출생, 어머니는 1926년 출생입니다. 현재는 두 분 다 돌아가시고, 2016년 8월에 형도 67년의 생을 마감했기 때문에 시모마루코 시절의 우치다 집안을 기억하고 이야기할 수 있는 사람은 저 혼자 남았습니다.

시모마루코는 메카마선(目蒲線, 현재 도큐 다마가와선東急多摩川線) 노선의 주변으로, 도쿄 남동쪽 변두리, 다마가와(多摩川) 옆에 있는 공단 거리입니다. 전쟁 전에는 미쓰비시 중공업(三菱重工)이나 일본제강소(日本製鋼所) 같은 거대한 군수산업의 거점이 이 지역에 있었고, 그 주위를 둘러싸듯 작은 하청 공장, 2차 하청 공장이 시모마루코에서 우라타(浦田)에 이르는 지역에 펴져 있었습니다. 공장 노동자를 위한 아파트가 있었고, 그들을 손님으로 모시는 환락가가 있었습니다. 군수공장이 밀집해 있었기 때문에 당연하게도 B29 공습의 최적 목표가 되었고, 전쟁이 끝났을 때 일대는 온통 불타버린 폐허로 변했습니다.

중국 대륙에서 겨우 몸만 건져 돌아온 아버지는 도쿄에서 어머니를 만나 결혼했고, 형이 태어나고 2년 후 내가 태어났습니다. 전쟁이 끝난 지 5년이 지난 때입니다. 황량한 잿더미 위에 집이 하나둘 지어지고 다시 작은 공장이 기계를 움직이기 시작할 무렵, 아버지는 쓰루미(鶴見, 가나가와현神奈川縣 요코하마시横浜市)에 있던 건설기계 회사에 연줄을 대어 취직했습니다. 부모님은 출근하기 편하고 집세가 싸다는 이유로 시모마루코의 로쿠쇼(六所)신사 경내에 땅을 빌려 이사했고, 세 평, 한 평 반의 방 두 칸과 부엌만 딸린 좁은 집에서 내가 태어났습니다.

뱃속에 나를 품고 있던 어머니가 젖먹이였던 형을 안고 하타노다이(旗の台, 시나가와구品川區)의 셋집에서 시모마루코의 단독 주택으로 이사할 때, 이동 수단은 말이 끄는 커다란 짐수레였다고 합니다. 전쟁이 끝나고 5년이 지난 도쿄의 모습은 아직 이러했습니다.

집 앞에는 유채꽃밭과 보리밭이 있었습니다. 그곳이 아이들의 놀이터였던 셈인데, 그 '공터'는 동네 뒷동산처럼 놀기 좋은 포근한 곳이 아니었습니다. 불에 탄 유리조각과 그을린 시멘트가 널브러져 있고, 타일 바닥이 푹 꺼진 지하실을 잡초가 무성하게 뒤덮고 있었습니다. 아이들이 놀기에는 상당히 위험한 곳이었지만 누구도 말리지 않았지요. 부모들은 먹고사느라 바빴기 때문에 아이들을 일일이 돌볼 수 없었고, 공터의 소유자들도 그곳을 정비하고 울타리를 칠 만한 돈이나 의욕이 없었습니다.

훗날 미야자키 하야오 감독은 〈천공의 성 라퓨타〉에서 과학의 정수를 모아 건설한 천공의 성이 아무도 살지 않은 채 오랫동안 버려지면서 그곳에 식물이 무성해지는 풍경을 묘사했습니다. 나는 그 장면을 보고 기시감이 강하게 들었습니다. 어쩌면 그것은 미야자키 감독이 소년 시절에 목도한 원풍경이 아닐까 생각했습니다.

시모마루코에서는 열일곱 살까지 살았습니다. 도쿄에 있는 동안 가장 오래 살았던 곳입니다. 따라서 내게 '고향 마을'을 꼽으라고 한다면 이곳밖에 없습니다. 그렇지만 이 마을에 '애향심'을 느끼느냐고 묻는다면, 그렇지 않다고 대답할 것입니다. 틀림없이 나는 그 동네에서 자라났지만, 그 동네가 나를 '키워주었다'는 감회는 딱히 들지 않기 때문입니다. 그곳에는 보통 사람들이 말하는 '고향'을 떠올리는 '실마리'가 아무것도 없습니다.

이전에 간사이(關西) 태생의 문화인이라 할 만한 와시다 기요카즈(鷲田淸一), 고 히로키(江弘毅) 두 분과 라디오 프로그램에서 대담을 나눈 적이 있습니다. 어쩌다가 도쿄 문화와 간사이 문화의 질적 차이가 화제에 올랐는데, 그때 두 분이 각각 '태어난 동네에서 받은 문화적 선물'에 대해 자랑스럽게 이야기하는 것을 들었습니다. 나와 같은 동네에서 자란 친구로 그 자리에 함께 나갔던 히라카와 가쓰미(平川克美) 군과 나는 그저 입을 꾹 다물고 있었던 기억이 납니다.

질이야 높든지 낮든지, 우리가 태어나고 자란 도쿄의 남서부 공장지대에는 다른 곳과 비교해 자랑할 만한 '문화'가 하나도 없다는 것을 새삼 깨달았기 때문입니다.

우리 '고향'에는 보존해야 할 축제도 없고, 노인들이 들려주는 설화도 없고, 향토 요리도 없고, 사투리조차 없었습니다. 우리는 슬플 만큼 문화적인 빈곤 속에서 자랐던 것입니다.

오즈 야스지로(小津安二郎)는 시모마루코를 무대로 영화를 한 편 찍었습니다. <안녕하세요(お早よう)>라는 1959년 영화입니다. 이 작품에는 어릴 적 다마가와 강변이나 멀리 보이는 가즈바시(ガス橋)의 풍경이 그대로 변함없이 찍혀 있었습니다. 이 영화 속 풍경을 떠올리면 지금도 가슴이 뜨거워집니다. 이 영화가 유일하게 시모마루코라는 지명을 조금이나마 '문화'라는 문맥 속에 이야기하려는 실마리를 내어주기 때문입니다.

싫다는 데 이유는 필요 없다

나는 어릴 적부터 좋고 싫음이 확실해서 '싫은 것은 싫다'고 했습니다. 부모님이나 선생님이 아무리 윽박지르거나 달래더라도 굽히는 일이 없었지요. 일단 '싫다'고 하면 매를 맞거나 심한 욕을 듣더라도(우리 집은 체벌이 거의 없었지만) 손톱만큼도 꿈적하지 않았습니다.

어른에게 유리한 조건을 얻어내기 위한 협상 기술로 떼를 쓰거나 제멋대로 고집을 피우는 아이들이 많지만, 나는 그렇지 않았습니다.

평소에는 거의 얌전하고 부모의 말을 잘 듣는 편이었습니다. 하지만 싫은 것에는 가차 없이 '싫다'고 대답합니다. 내가 '싫다'고 하면 웬만큼 싫은 것이 아니니까 한번 '싫다'는 말을 꺼내면 절대로 물러나지 않습니다.

어릴 때부터 이 나이를 먹도록 변함없이 그렇습니다. 한 번 '싫다'고 한 것을 나중에 철회한 일이 내 평생에는 한 번도 없었던 것 같습니다.

부모님도 내 완고한 성격을 일찍부터 알고는 "다쓰루가 싫다고 하면 포기하는 편이 좋아" 하고 어릴 때부터 아예 단념하셨습니다. 형과 나는 네 살부터 바이올린을 배웠습니다. 바이올린을 켜는 것이 즐거웠기 때문에 매일 거르지 않고 연습했는데, 열 살인가 열한 살일 때 연습하지 않은 적이 있었습니다. 그날 나는 다른 일에 정신이 팔려(아마도 책을 읽었을 것 같습니다) 바이올린 연습을 잊어버렸던 것입니다. 솔직하게 "오늘은 연습하지 않았어요" 하고 대답했더니 "내가 열심히 연습하라고 했지?" 하고 아버지가 바이올린 활로 내 손을 찰싹 때렸습니다.

체벌이라고 할 만큼 세게 때린 것도 아니고, 평소에는 자식에게 손찌검하는 분도 아니었지만, 그때만큼은 무슨 일인가 있어 짜증이 난 상태였을지도 모릅니다.

하지만 나는 아버지에게 폭력을 당한 충격으로 몸이 굳어버렸습니다. 그래서 "앞으로 바이올린은 켜지 않겠어요" 하고 선언하고는 그 길로 레슨을 그만두었습니다.

나는 클래식 음악을 좋아했고 바이올린 연주도 좋아했지만, 강제로 '하라'는 말을 듣는 것만으로 몸이 거부해버립니다. 나는 그런 체질입니다.

형은 나와 딴판으로 토라지거나 화내거나 응석을 부리는 등 온갖 수단을 동원해 부모와 밀고 당기는 일이 가능했습니다. 나는 그렇게 감정적으로 협상하는 일이 불가능합니다. 기본적으로 부모님의 요구에 '예'라고 대답하지만, 아주 드물게 '아니오'라고 말할 때가 있습니다. 아니라고 하면 단호하게 아닙니다. 이유도 없고 뭣도 없이 아니라면 아닙니다. 타협이나 교섭의 여지가 전혀 없습니다.

따돌림이 원인으로 등교 거부

따라서 소학교 5학년일 때 등교를 거부할 때도 어느 날 "학교에 안 갈 거야" 하고 선언했더니 부모님은 나를 설득하려는 헛수고를 건너뛰고 곧바로 전학 수속을 밟기 시작했습니다. "다쓰루가 안 간다고 말하면 무슨 소리를 해도 소용없는걸" 하는 것을 잘 아셨기 때문이겠지요.

등교 거부의 원인은 따돌림입니다.

소학교 3학년까지는 담임 선생님께 귀여움받으며 친구들도 많이 사귀었기에 학교를 즐겁게 다녔습니다만, 1학년에 앓았던 심장병으로 심장판막에 이상이 생기는 바람에 일상적인 학교생활은 무리라는 진단을 받았습니다. 그래서 3학년 때 학교의 의사 선생님께 도쿄를 떠나 이토(伊豆)에 있는 오타구(大田區)의 요양시설에서 회복하고 오라는 명령을 받았습니다. 그곳에 반년쯤 있다가 4학년에 올라가니 어울릴 곳이 없었습니다.

그때까지 학급에서 비교적 잘 어울려 지냈습니다만, 갑자기 아무도 말을 걸어주지 않고 아무도 놀아주지 않았습니다.

전학생도 아니고, 예전부터 줄곧 잘 지냈고 이토에 가기 전에는 사이좋게 놀았던 친구들에게 따돌림을 당한 것입니다.

나는 예전처럼 친하게 지내려고 1년이나 인내심을 발휘했지만, 점점 더 따돌림이 심해졌습니다.

악순환에 빠져버린 것이지요. 따돌림 상태를 벗어나려고 '쓸데없는 일'을 하기 때문입니다. 마치 따돌림이 존재하지 않는 것처럼 필사적으로 '아무 일 없는 듯' 행동하려고 할 뿐이지만, 그때 받아주길 바라고 떠드는 농담이나 어색할 만큼 지나치게 허물없는 태도 등 '쓸모없는 몸짓'이 점점 따돌림을 더욱 심화시킵니다. 더는 출구가 없겠구나 싶다는 생각과 이런 식으로 학교에 다니다가는 몸이 상하겠다는 생각에 다 포기하고 '학교에 안 가겠다'고 선언했습니다.

부모님은 내가 '싫다'고 하면 끝까지 굽히지 않는다는 점을 숙지하고 있으니까 학교에 보내려고 설득하려는 헛수고를 하지 않았습니다. 시원시원하게 전학 절차를 진행해준 덕분에 5학년 2학기부터 이웃 동네에 있는 소학교로 옮겼습니다.

그곳에서 데시마 아키라(手嶋晃)라는 친절한 담임 선생님을 만났고, 지금도 친하게 지내는 친구 히라카와 가쓰미와 만나는 등 졸업 할 때까지 1년 반 동안 진심으로 즐겁게 학교를 다녔습니다. 전학한 덕분에 은사와 친구를 만날 수 있었으니까 올바른 선택이었다고 생각합니다.

소학교를 졸업하고 나서 히라카와 군과는 헤어졌습니다. 그는 오모리 제7(大森第七) 중학교, 나는 야구치(矢口)중학교, 이렇게 각자 지역의 구립(區立) 중학교로 진학했기 때문입니다. 중학교에는 예전 소학교에서 나를 따돌렸던 아이들도 들어왔는데, 신기하게도 다들 그런 일은 마치 없었다는 표정으로 내게 말을 걸었습니다. 나중에 얘기를 들어보니, 집단적 따돌림이란 한번 불이 붙으면 걷잡을 수 없는 듯합니다. 자기만 빠져나오고 싶어도 그러면 그다음 따돌림 표적이 될 위험이 있으니까 본의 아니게 괴롭힘에 가담했다는 고백을 들었거든요. 그럴지도 모르겠다는 생각이 들었습니다. 따돌림이 반년이나 이어지는 동안 겁먹었으면서도 센 척하는 태도가 공존하는 내 말과 행동은 어색하고 거북했을 테니까 아이들이 내 곁에 가까이 오고 싶지 않았던 마음도 어쩔 수 없었을 듯합니다.

따돌림이라는 집단행동의 악마성은 바로 여기에 있습니다. 아주 사소한 계기로 '평범하지 않은 아이'를 소외시키는 행동을 시작합니다. 따돌림의 대상이 된 아이는 마음이 병들고 점점 거동이 이상해집니다. 그렇게 점점 더 '평범하지 않은 아이'가 되어갑니다.

내가 전학한 뒤에도 다음 아이가 따돌림의 표적이 되어 전학을 신청했고, 따돌림을 방치한 담임 교사(상당히 문제가 있는 인물이었습니다)는 문책을 받고 담임 직책을 내려놓았습니다.

일이 이렇게 흘러간 덕분에 중학교에서는 과거에 따돌림 따위는 없었다는 듯 평온한 생활을 시작했습니다.

형의 존재감

우리는 아주 사이좋은 형제였기 때문에 형님이 세상을 떠났을 때는 마치 내 몸의 반쪽을 잃어버린 듯했습니다.

남자 형제가 사이좋게 지내는 일은 비교적 드문데, 우리 집은 형제 사이가 아주 좋았습니다. 스무 살이 지나고부터 형님은 나를 가장 잘 이해해주는 사람이자 가장 유쾌하게 대화를 나누는 상대였습니다.

형이나 누나가 있으면 그 세대에 유행하는 문물을 집에 들여오니까 밑의 동생들은 문화적으로 조숙해집니다. 나도 그랬습니다. 형님은 음악을 좋아해서 자기가 좋아하는 음악을 내게 억지로 들려주고는 "어떠니? 좋지?" 하고 평가를 요구합니다.

남이야 공부하고 있든 말든, "얼른 이리로 와봐. 지금부터 이 레코드를 틀어줄 테니까 존 레논의 코드 진행이 어떻게 획기적인지 200자 이내로 써봐" 하는 식이었지요. 따라서 나는 동년배 중학생이나 고등학생보다 앞서나간다는 기분에 들떠 음악을 듣고 영화를 보았습니다.

형님은 정말 재미있는 사람입니다. 히라카와 군을 비롯한 내 친구들도 다들 '형님'이라고 부르며 따랐습니다. 친구 중에는 "다쓰루보다 형님이 인간적으로 진국이야. 솔직히 말해 다쓰루보다 형님이 더 좋아!" 하고 공언하는 놈도 있을 정도였습니다.

나도 그렇게 생각합니다. 인간적으로 형님이 나보다 훨씬 나은 사람이라고요.

비틀스에 빠져들다

FEN(극동방송, 현재 AFN)에서 흘러나오는 〈Please please me〉를 들은 것은 중학교 1학년 때입니다. 그때까지 들은 어떤 음악과도 차원이 다른 박자와 화음, 무엇보다 "이제야말로 운명을 결정할 때, 그다음은 어떻게 되든 몰라" 하고 마음껏 내지르며 노래하는 존 레논의 보컬에 충격을 받았습니다.

비틀스가 아무튼 대단하다는 점은 형님과 일치했기에 둘이서 용돈을 모아 첫 앨범 〈Meet the Beatles〉를 사서 글자 그대로 바늘이 닳아 없어질 만큼 들었습니다.

하지만 신곡을 발표할 때마다 레코드를 살 경제적 여유는 없기 때문에 다른 사람 집에 가서 들려달라고 했습니다. 중3 때 〈Help!〉가 나온 뒤에는 온 학급(8반까지 있었습니다)을 돌아다니며 "누구

〈Help!〉 산 사람 없어?" 하고 물었습니다. 다행히 C반의 사토(佐藤)라는 소년이 "나, 샀어" 하고 손을 들어준 덕에 비틀스를 좋아하는 몇 명이 그날 방과 후에 그 애 집에 모여 몇 번이고 되풀이해 〈Help!〉를 들었습니다.

우리 반에는 비틀스를 좋아하는 아이가 세 명 있었는데, 쉬는 시간이 되면 복도 구석으로 몰려가 빗자루를 기타인 양 들고 히트곡을 마구 불러댔습니다. 이 시기 비틀스의 가사를 통해 영어 관용구를 많이 외웠기 때문에 영어 성적이 훌쩍 올랐습니다.

중3 때 〈A Hard Day's Night〉(일본어 제목은 '비틀스가 온다, 야! 야! 야!')와 〈Help!〉(일본어 제목은 '네 명은 아이돌') 두 편을 가와사키(川崎)의 변두리 영화관에서 동시 상영했습니다. 한달음에 중학생들이 영화관으로 들어갔습니다. 과자와 우유를 잔뜩 넣은 상자를 좌석 아래쪽에 놓아두고 영화관의 어둠 속에서 슬금슬금 꺼내 먹으면서 영화 두 편을 각각 두 번씩 봤습니다. 한나절 동안이나 영화관에 틀어박혀 있었더니 산소 부족으로 두통이 심해져 다들 비슬거리며 귀가했습니다.

SF 팬클럽

또 하나 푹 빠져든 것이 SF입니다. 중1 때 같은 반이었던 기요미즈 군과 오자와 군 두 사람은 『SF 매거진』의 구독자로, SF가 얼마나 훌륭한 문학 장르인지 열변을 토하면서 SF의 세계로 나를 잡아끌었습니다. 『SF 매거진』의 과월호를 몇 권 빌려 읽고 곧장 SF에 빠져들었습니다.

특히 그중 한 권에 실려 있던 프레드릭 브라운(Fredric Brown)의 「The waveries」(일본어 제목은 '전기 괴물 바베리電獸ヴァヴェリ')라는 단편이 결정적이었습니다(나중에 단편집 『천사와 우주선(Angels and Spaceships)』에 「바베리 지구를 정복하다」로 제목을 바꾸어 수록했습니다). 우주에서 날아온 전기 먹는 생물 때문에 지상에서 전기가 없어지자 사람들은 옛날처럼 마차를 타고 다니고, 신문을 목판으로 찍어내고, 밤에는 모여 현악사중주를 즐겼다는 이야기입니다. 세상에 이렇게 재미있는 읽을거리가 있다는 데 깜짝 놀라 하룻밤 사이에 SF의 애호가가 되었습니다.

SF는 1950년대 미국에서 탄생한 새로운 문학 장르입니다. SF의 배경에는 원자폭탄의 발명으로 핵전쟁이 인류를 멸망시킨다는 시나리오가 현실감을 띠기 시작한 역사적 현실이 깔려 있습니다. 인간이 풍요로워지기 위해 창조한 테크놀로지가 인간을 사멸로 몰아넣는다는 부조리가 점차 현실이 되어간 것입니다. 전통적인 문학 형식은 그렇게 비극적으로 부조리한 현실을 서술할 수 없었습니다. SF는 오로지 이러한 이유로 발명한 특이한 문학 장르였다고 생각합니다. 따라서 황당무계하고 오락성이 넘치는 SF의 밑바닥에는 어떤 절망감이 흐르고 있었습니다.

중학생은 문학적 소양으로 어른들을 대적할 수 없습니다. 하지만 '새로운 것'에 대한 높은 감수성으로는 이길 수 있습니다. 비틀스도 그렇지만 SF도 중학생인 내게는 '어른들이 아직 하나도 모르는 새로운 것'이었습니다.

그때 오사카에 근거지가 있는 SFFC(SF Fan's Club)라는 조직이 SF 중학생 팬을 전국적으로 조직한다는 것을 알고, 나는 여기에 가입했습니다. 이케다 사토시(池田敏)라는 오사카 청년이 주재했는데, 그는 매주 우편으로 '지령'을 보냈습니다.

우리는 SF가 지나치게 앞선 전위적 성격 때문에 탄압받는 지하 문예 활동이라는 서사를 채택했습니다. 그러므로 SF가 얼마나 훌륭한 문학인지 은밀하게 전국의 소년 소녀들에게 알리고 퍼뜨림으로써 언젠가 순문학이나 중간소설의 패권을 무너뜨리려는 'SF 전도 활동'이 우리의 주요 임무였습니다. 말하자면 레지스탕스입니다.

SFFC에서 나는 오사카·텐만(天滿)의 중학생이었던 야마모토 고지(山本浩二, 나중에 내 책의 표지 장정을 꾸며주거나 개풍관[凱風館][주1] 도장에 노송을 그려준 화가입니다), 우에노(上野)의 중학생이었던 마쓰시타 마사키(松下正己, 나중에 나와 함께 『영화는 죽었다(映畫は死んだ)』(이나호쇼보[いなほ書房], 2003)를 공동 집필한 영화 작가·비평가입니다) 같은 범상하고 건방진 소년들과 사귀었습니다.

회원이 늘어남에 따라 이케다 씨는 각지에 지부를 만들고 판타지

주1) 저자 우치다 다쓰루가 '배움의 장'이자 무사의 저택 같은 이미지로 세운 건축물. 1층은 합기도 도장을 겸한 서당으로 사용하고, 2층은 자택이다. -역주

를 출판하라는 지령을 내렸습니다. 나와 마쓰시타 군에게는 도쿄지부를 결성하라고 명령했습니다.

그 당시 나는 아직 편지만 주고받았을 뿐 마쓰시타 군과 만난 적이 없었습니다. 편지로 볼 때는 '유리 장미 우울한 선비'라는 이름으로 히틀러와 제3 제국을 찬미하는 불순한 글을 쓰고, 비상하게 정밀한 점묘 기법으로 무기를 그리는 수상한 소년이었습니다. 나도 밀릴 수는 없으니까, 내가 얼마나 괴짜 소년이고 주변 중학생들이 얼마나 나를 괴물같이 보는지 모른다고(거짓말이지만) 써 보냈습니다.

도쿄지부 설립을 위해서는 어쨌든 만날 수밖에 없었지요. 그래서 중3이던 어느 날 메카마시모마루코 역에서 만나기로 했습니다. 그러나 약속 시간이 되어도 괴물처럼 보이는 소년의 모습은 보이지 않았습니다(나는 마르고 키가 큰 산뜻한 우윳빛 소년을 상상했던 것입니다). 건널목 옆에서 아까부터 얼굴이 둥글고 키가 작고 통통한 남자애가 사람을 기다리는 듯 보였지만, '설마 저 애는 아니겠지' 하며 줄곧 지켜보았습니다. 그랬더니 그 애도 내 시선을 눈치채고는, '설마, 저 애는 아니겠지' 하는 표정을 지었습니다. 서로 가까이 다가가서 "혹시 네가 마쓰시타 군?", "네가 혹시 우치다 군?" 할 때는 웃음을 터뜨릴 뻔했습니다('뭐야, 그렇게 어른인 척 편지를 써 보내더니, 어린애잖아!' 하고 둘이 동시에 생각했을 것입니다).

우리 두 사람은 도쿄지부를 세우고 『Traitors』('배신자'라는 뜻입니다)라는 판타지를 창간했습니다. 등사판 도구를 사들여 매일 학교에서 돌아오자마자 철필로 등사판을 갈작갈작 긁어 판타지나 편지를 계속 내놓았습니다.

야마모토 군은 오사카 지부에서 『Madness』라는 판타지를 냈는데, 여기에는 '츠츠이 야스타카(筒井康隆)[주2] 직격 인터뷰' 등 중학생이라고는 믿기지 않는 기사를 실었습니다. 표지는 물론 야마모토 군이 그렸지요. 나중에 직업 화가가 될 정도였으니까 당연히 솜씨가 훌륭했습니다. 우리 판타지의 표지는 물론 마쓰시타 군이 그렸는데, 그도 나중에 영화 작가 말고도 세밀화가로 이름이 알려진 인물이었습니다. 그야말로 간사이(關西)와 간토(關東), 말하자면 동과 서가 모두 높은 수준을 겨루었던 것입니다.

이렇게 회상해보면 중3 때는 비틀스와 SF에 시간을 쏟아부었던 것 같습니다. 그 무렵 드럼도 연습하기 시작해 매일 전화번호부를 스틱으로 팡팡 두드렸습니다(스네어 드럼snare drum[주3]과 하이해트 심벌high-hat cymbal[주4]은 고등학교 입학 선물로 받았고, 나머지 드럼 세트는 고1 봄방학 때 아르바이트를 해서 오차노미즈(お茶の水) 중고 악기 가게에서 담보로 잡힌 물건을 사 모았습니다).

새삼스레 중학교 시절을 돌아보니 참으로 분주하게 지내면서 입시 공부를 해냈다는 생각이 듭니다.

주2) 1934년 출생. 일본을 대표하는 SF 작가로 고마츠 사쿄(小松左京)·호시 신이치(星新一)와 함께 'SF의 세 거장'으로 불리며 '츠츠이스트'라는 열광적인 팬들을 거느리고 있다. -역주

주3) 드럼 세트에서 핵심적인 역할을 하는 악기로 오케스트라, 마칭 밴드, 파이프 밴드에서 사용한다. 사이드 드럼이라고도 한다. -역주

주4) 드럼 주자가 발로 페달을 밟으면 심벌이 되받아쳐 소리를 내는 타악기. -역주

그런데 공부도 꽤 열심히 잘했습니다.

도립 히비야고등학교

내가 다닌 도립 히비야고등학교는 당시 졸업생 중 절반이 도쿄대학에 진학한다는, 이른바 대단히 높은 진학률로 손꼽히는 곳이었습니다.

나도 남들처럼 도쿄대학에 쓰윽 들어갈 예정이었습니다만, 1학년이 끝나갈 무렵 문득 '입시 공부를 하고 싶지 않다'는 생각이 고개를 들기 시작했습니다.

그때까지 소학교 때부터 '공부하고 싶지 않다'는 생각은 한 번도 들지 않았는데, 무슨 바람이 불었는지 갑자기 '싫어'졌습니다.

나는 이때 내 마음이 언제나 그렇고 그런 '싫다'임을 알아챘습니다. 내게 '싫다'는 감정은 스스로 조절할 수 있는 대상이 아니라 신체 한구석에서 '싫어'라는 액체 비슷한 물질이 분비되어 온몸을 채워버리는 무언가입니다. 내 뜻에 따라 어떻게 해볼 수 있는 종류가 아닙니다. 그래서 '공부하기 싫다'는 마음이 생기면 아무리 노력해도 어쩔 도리가 없습니다.

하지만 고등학교 친구들과는 친하게 지내면서 신나게 어울려 놀러 다녔기 때문에 '공부하기는 싫어도 학교는 다니고 싶은' 상태였으므로, 매일 꼬박꼬박 출석은 하지만 공부는 전혀 하지 않는 '구제 불능 불량 고등학생'이 되었습니다. 이런 놈들은 어느 학교에나 있기 마련이니까 내가 특별히 유별난 고등학생은 아니었습니다.

다만 그때까지는 괜찮았던 성적이 갑자기 전교에서 최하위로 급락하고 마는 바람에 선생님과 부모님의 걱정을 샀습니다. 며칠 전까지만 해도 기꺼이 마다하지 않았던 수험 공부가 한순간에 싫어졌기 때문에 야단을 친다 한들 아무 소용없습니다. 언젠가 마음이 바뀌어 공부하는 날이 올 때까지 내버려두는 수밖에 없습니다.

그런데 불행하게도 2학년으로 올라가자 그때까지 신나게 같이 놀던 친구들이 일제히 입시 공부에 매달리기 시작했습니다. 이런 변화를 보면 과연 도회지 고등학생은 똘똘합니다. 천둥벌거숭이처럼 미친 듯이 놀아 젖히다가 어느 시기가 되면 "자, 노는 시간은 이제 끝!" 하고 똑 부러지게 선을 긋고 돌연히 수험 공부 기계로 탈바꿈할 수 있습니다. 그야말로 '어른'이지요.

상황이 이렇게 돌변하자 아무도 나와 놀아주지 않았습니다. 성적이 밑바닥을 헤매던 불량 친구들조차 "이제 슬슬 시험공부를 시작하지 않으면 부모님 성화에 견딜 수 없어" 하며 미온적인 말을 입에 담았습니다.

나는 공부가 철저하게 싫어졌을 뿐 아니라 학교에 가도 놀아줄 친구도 없어졌습니다. 그렇다면 우물쭈물할 것 없이 깨끗하게 학교를 때려치우자고 생각했습니다.

고등학교는 이제 그만!

내가 고등학교를 그만두어야겠다고 생각한 요인에는 1967년이라는 시대 상황도 연관이 있습니다.

1967년은 오늘날 젊은이들이 상상도 할 수 없을 테지만, 전 세계에 광란의 세찬 파도가 밀어닥치는 격동의 시대였습니다. 베트남 전쟁이 한창 중이었고, 세계적으로 베트남 반전 운동이 벌어지고 있었지요. 문화대혁명의 소용돌이 속에서 이웃 나라 중국은 나중에 2천만 명에 달하는 사망자가 나오는 내전에 버금가는 혼란 상태를 겪고 있었습니다. 미국에서는 마틴 루터 킹(Martin Luther King)주5) 목사의 공민권 운동, 말콤 엑스(Malcolm X)주6)의 블랙모슬렘(Black Moslems)주7) 운동, 블랙팬서(Black Panthers)주8)의 무장투쟁이 터져 나오기 시작했습니다. 1968년에는 파리에서 '오월 혁명'주9)이 일어났습니다. 독일에서는 바더·마인호프 그룹(Baader-Meinhof Group),주10)

주5) 1929~1968. 미국의 침례교회 목사이자 흑인해방운동가. -역주

주6) 1925~1965. 미국 흑인 해방운동의 급진파 지도자. -역주

주7) 1930년 철저한 흑백 분리주의를 내세우며 과격한 흑인해방운동을 펼친 미국의 흑인회교도 단체로 극단적인 반-백인, 반-기독교, 반-인종 통합을 주장하는 비밀결사 종교단체다. -역자

주8) 1965년 결성한 미국의 급진적인 흑인운동 단체로 흑표당(黑豹黨, Black Panther Party)이라고도 불렸다. 마틴 루터 킹 목사의 비폭력 노선이 아니라 말콤 엑스의 강경 투쟁 노선을 추종했고, 미국 거주 흑인들의 완전 고용, 주거, 교육, 의료의 보장, 공정한 재판, 병역 면제 등 10대 강령을 내걸었다. -역자

주9) 1968년 5월 프랑스에서 드골 정부에 항의해 학생 운동과 노동 운동이 연합해 벌인 대규모 사회변혁 운동. 총파업의 양상을 띠었으나 드골 대통령이 의회를 해산하고 총선 실시로 수습했다.-역주

주10) 주도자인 바더(Baader, A.)와 마인호프(Meinhof, U.)의 이름을 집단의 명칭으로 사용한 과격파 집단으로, 1960년대 후반과 1970년대 초반에 납치, 살인, 방화를 일삼은 극단적인 정치 테러 집단이다. 이후 적군파의 모체가 되었다, -역주

이탈리아에서는 '붉은 여단(Red Brigades)'주11)이 테러 활동을 벌였습니다. 실로 전지구적인 규모로 지각 변동을 일으키는 듯한 정치적 혼란의 시대였습니다.

한편, 일본에서는 1967년이 저물 즈음 삼파계(三派系) 전학련(전일본 학생자치회 총연합)이 하네다(羽田) 투쟁주12)을 벌였습니다.

내가 고교 퇴학을 결심한 시기는 1967년 봄입니다. 혁공동(혁명적 공산주의자 동맹) 중핵파와 사학동(사회주의 학생동맹)과 사청동(일본사회주의 청년동맹) 해방파로 이루어진 삼파계 전학련은 내가 고1 때인 1966년에 결성했습니다만, 나는 학생운동 파벌의 이합집산에 대해서는 아무것도 몰랐습니다. 물론 매스컴도 그런 일은 전혀 보도하지 않았지요. 하지만 신기하게도 뉴스가 흘러나오지 않아도 대변동이 일어날 것 같다는 '땅 흔들리는 소리'가 고등학생의 귀까지 들려왔습니다. 부글부글 냄비처럼 끓어올라 금방이라도 뚜껑을 날리며 펑 폭발해 마그마 같은 것이 흘러나오리라는 예감이 들었습니다.

이렇게 불길한 느낌이 피부로 느껴졌기에 아무 근거도 없지만 '이제부터 세계는 상전벽해처럼 변할 거야. 일본에서도 혁명적인 사건이 일어날지도 몰라' 하는 예감이 들었습니다. 그 모습이 어떤지는 아무도 모릅니다. 물론 부모님이나 선생님도 모릅니다. 동년배 고등학생들도 모릅니다.

주11) 1970년에 결성한 이탈리아의 극좌파 테러 조직으로, 정부를 전복하고 마르크스 혁명의 길로 나아가기 위해 결성 직후부터 정치인, 실업가, 언론인, 법관, 경찰 등을 대상으로 납치와 살인을 자행했다. -역주

주12) 1967년 10월 8일과 11월 12일 도쿄에서 내각총리대신의 외국 방문을 저지하려던 신좌익의 무력 폭동. -역주

나처럼 '불길한 예감'을 느끼는 히비야 고등학교의 학생들도 몇 명은 있었겠지요. 그렇지만 우리는 실로 1967년 바로 그해에 '어디 재미있는 일이 뭐 좀 없을까?' 하는 불량 고등학생 특유의 호기심을 꽁꽁 묶어두고 '입시 공부 태세'로 전환했을 따름입니다.

'이봐, 입시 공부만 할 때가 아니야. 혁명이 일어날지도 모르는데 너희들 뭐 하는 거냐?' 이러면서 나 혼자 안절부절못하고 있었지요. 당연하게도 아무도 들은 척하지 않았습니다.

'알았어. 고등학교는 이제 그만! 이제부터 세상이 어떤 식으로 격동의 시대로 진입하는지, 모래 먼지 뒤집어쓰고 특등석에서 내려다보겠어.' 혼자 이런 결단을 내리기에 이르렀습니다.

고등학교 중퇴, 그리고 가출

계획적으로 가출하다

'싫다'는 말을 꺼낸 이상 결코 물러서지 않는 성격임을 잘 아는 부모님도 내가 '고등학교를 그만두겠다'고 통고할 때는 단연코 반대하셨습니다.

하지만 부모가 아무 말 하지 않아도 알아서 척척 입시 공부를 해내는 아이였기 때문에 '공부하지 않겠다'고 말한 이상 부모가 통제할 수 있을 리 없습니다.

부모님도 반쯤 체념하신 듯하더니 '외국으로 유학을 떠나면 어떻겠느냐'고 대안을 제시했습니다. 이 말에는 약간 마음이 움직였습니다.

옛날에 만주에서 아버지가 소학교 교사일 때 가르쳤던 제자 중에 독일 남자아이가 있었는데, 그 아이가 자라서 도쿄의 독일 영사가 되어 부친을 찾아왔다고 합니다. 이렇게 아버지는 어느 정도 독일과 교류가 있었던 게지요.

"독일에 가서 고등학교에 진학하지 않겠니?" 어느 날 아버지가 내게 슬쩍 떠보듯 질문을 던졌습니다.

그 당시 난 카프카, 괴테, 릴케 같은 독일 작가들의 문학작품을 꽤 읽고 있었습니다. 시바타 쇼(柴田翔)의 『그래도 우리의 나날(されどわれらが日々)』(1964년)[주13)]나 『보내는 말(贈る言葉)』에도 흠뻑 빠져 있었

주13) 한국어판은 권남희 옮김, 문학동네, 2018년 간행 -역주

기 때문에 독일이라는 말을 듣자 혹하는 마음이 생겼습니다.

독일 고등학교로 유학을 떠나면 즐거울 것 같아 얘기가 잘되기를 기다렸지만, 아마도 유학 비용이 적잖이 든다는 사실을 알고 부모님이 생각을 접으시지 않았나 싶습니다. 독일 유학 이야기가 흐지부지하는 동안 나는 재빠르게 고등학교 퇴학 절차를 마무리하고, 1967년 여름방학에 막 접어들자마자 집을 나와버렸습니다.

일반적으로 고등학생이 학교를 그만두고 집을 나온다고 하면, 대개 부모와 자식이 서로 고함을 지르고 밥상을 엎어버리는 등 시끄러운 싸움이 일어나기 십상입니다. 하지만 난 그런 소동을 대단히 싫어하기 때문에 사전에 그런 일이 일어나지 않도록 집안에서는 얌전하게 처신했습니다. 그 대신 아르바이트로 번 돈을 야무지게 모아놓고 공동주택을 찾아내 보증금을 치른 다음, 어느 날 이삿짐 트럭을 불러 짐을 후딱 싣고는 "그럼 가볼게요" 하고 홀연히 나와버렸습니다.

부모님과 형은 기가 막힌다는 듯 휘둥그레 눈을 껌뻑였습니다.

재즈 다방에서 아르바이트

학생 시절부터 갖가지 아르바이트를 해봤습니다. 맨 처음 아르바이트는 중3 봄방학 때 '도쿄엔(東京園)'이라는 긴자(金座) 4번가에 있던 중국요리점에서 접시를 닦았습니다. 학교를 쉬는 날이 길어질 때마다 그곳에서 일했습니다. 하지만 아무리 물가가 싼 시대라고 해도 시급 100엔이었으니까 10시간을 일해도 1,000엔밖엔 안 됩니다.

조금 더 보수가 좋은 아르바이트를 찾아다닌 결과, 고2 때부터 오차노미즈에 있는 '뉴포트'라는 재즈 다방에서 일하기 시작했습니다.

처음에는 손님으로 갔는데 '아르바이트 모집'이라고 써 붙인 종이를 보고 "마스터, 내가 일해도 될까요?" 하고 물었더니 좋다는 답변을 해주었습니다.

이 마스터가 참 좋은 분이었습니다.

지금 생각하면 서른다섯쯤이었을 겁니다. 당시 내게는 무척이나 어른으로 보였습니다. 카운터 끝자리에 종일 앉아서 파이프 담배를 피우면서 줄곧 재즈를 듣고 있었습니다.

마스터는 우선 "커피 내리는 법을 가르쳐줄게" 하고 플란넬 천으로 드립커피를 내리는 방법을 가르쳐주었습니다.

그다음으로는 레몬차를 만들어보라고 했습니다. 우선 레몬 써는 법부터 시작했지요.

하지만 집에서 레몬을 썰어본 적이 없습니다. 당연히 레몬 하나를 여섯 조각으로 썰었더니 마스터는 "레몬 한 개를 스무 조각으로 썰어야 해" 하며 쓴웃음을 지었습니다.

그곳은 밤이 되면 술을 파는 주점이 되었습니다. 술을 과음하는 손님은 별로 없었는데, 한번 '물 탄 위스키'를 주문받은 적이 있습니다.

그런 주문을 받아도 '물 탄 위스키'를 만들어본 적이 없지요.

유리잔에 위스키와 물과 얼음을 적당히 넣어 내밀었더니 한 모금 마시고 난 손님은 진지하게 "물 같은 위스키는 마셔본 적 있지만 위스키 같은 물을 마신 건 처음인데!" 하는 말을 들었습니다.

그래도 손님은 웃으면서 끝까지 다 마시고는 술값을 내주었습니다.

손님도 마스터도 정말 친절한 사람뿐이었습니다. 고등학교 2학년짜리 아이가 카운터 안에서 나비넥타이를 매고 서툰 손길로 이것저것 해내는 모습을 웃으며 봐주었습니다.

시대가 그러했고, 그곳이 그런 곳이었던 것 같습니다.

뉴포트는 그다음 해 실로 '간다 카르티에 라탱 투쟁'[주14]이 벌어지는 한복판에 있었습니다.

내가 있을 무렵에는 아직 심각하게 위태로운 사태는 벌어지지 않았지만, 오차노미즈 거리에는 말도 딱 표현하기 어려운 자유롭고 개방적인 기분이 흘러넘쳤습니다.

중앙대학이 있고, 메이지대학이 있고, 일본대학이 있고, 메이지대학 옆에는 스루가 입시 전문학교가 있고, 오차노미즈 다리 맞은편에는 도쿄 의과 치과 대학이 있고, 그 앞에는 도쿄대학이 있습니다. 그야말로 일본 최대의 대학가였지요.

주14) 1968년 6월 21일 사학동(사회주의 학생동맹)이 도쿄 간다 스루가다이(神田駿河台) 대학가에서 일어난 해방구 투쟁을 말한다. 라틴어 구역이라는 의미의 카르티에 라탱(Quartier latin)은 파리 대학을 비롯한 명문 고등교육기관이 모여 있는 학생의 거리로, 특히 1960년대 오월 혁명 당시 반체제 학생운동의 중심지였다. -역주

출판사와 서점이 줄지어 있고, 다방과 레스토랑과 악기점과 레코드점이 많고, 어느 가게의 화장실에 들어가더라도 연극이나 독립영화 포스터, 당파의 선전지가 벽에 잔뜩 붙어 있었습니다. 거리를 오고 가는 사람들은 다들 신나게 떠들면서 마른침을 삼키며 시대가 몰라보게 변해가는 모양을 지켜보고 있다는 느낌이 들었습니다. 그러므로 나 같은 어린애도 섞여 들어가 "어라, 저건 뭔가요?" 하고 물어보면 "저건 말이지……" 하고 친절하게 가르쳐주었지요. 참으로 품이 넓은 동네였습니다.

곧바로 생활이 곤궁해지다

집을 나와 세를 들었던 공동주택은 도부토조센(東武東上線)의 이케부쿠로(池袋)에서 상당히 후미진 도부네리마(東武練馬)에 있었는데, 거의 사이타마(埼玉)에 가까운 곳이었습니다. 방세는 한 평 반짜리 한 칸에 7,500엔이었습니다.

미성년자였으니까 당시에도 보증인이 없으면 방을 빌릴 수 없었습니다만, 아마 적당히 서류를 위조했겠지요. 히비야 고등학교 학생증이 신분증을 대신해주었을 것입니다.

처음으로 혼자 살아보니 참으로 자유로웠습니다. 아르바이트를 시작하는 시간까지 잠을 자고, 마음껏 책을 읽고, 친구들을 불러 밤을 새워 얘기를 나누고, 무엇보다 부모님의 잔소리를 듣지 않아도 되었습니다.

집에 있으면 담배도 숨어서 피워야 하고, 밤늦게 귀가하면 "이 시간까지 뭘 했어?" 하는 말을 듣습니다. 아침에 학교에 가고 싶지 않아도 일어나야 하고, 복장이 단정하지 못하면 "단추를 제대로 채워라" 하는 말을 듣습니다.

물론 그런 말은 당연한 말이고 듣기 싫어하는 쪽이 잘못이지만, 학교를 그만두고 집을 나왔더니 명령, 질책, 요구가 담긴 모든 말에서 해방되었습니다.

꿈같은 생활이었습니다. 그러나 돈이 없습니다.

가출 자금을 모으고 있을 때는 집에서 아르바이트 일을 다녔기 때문에 버는 족족 전부 저금할 수 있었지만, 스스로 생활을 꾸려가야 할 상황이 되자 아르바이트 월급만으로는 도저히 안 되겠다는 정도는 아니지만 제대로 생활해나갈 수 없습니다.

재즈 다방의 시급은 접시닦이 시급 100엔보다는 많았지만, 그래도 기껏해야 200엔 정도가 아니었나 싶습니다.

가게에 나가면 저녁에 토스트 한 장에 차가운 우유 한 잔을 주었기 때문에 아르바이트가 있는 날은 한 끼 식사를 확보할 수 있었습니다.

하지만 아르바이트가 없는 날은 '식사 제공'이 없습니다. 방세를 내면 매달 몇천 엔밖에 남지 않았습니다. 몇천 엔으로 한창 먹을 때인 열여섯 소년이 먹고 살아가야 합니다.

그런데도 책을 빌리고 연극을 보러 가고 영화를 보고 재즈 다방에 가는 욕구를 참고 싶지는 않았습니다. 그런 일을 자유롭게 누리기 위해 집을 나왔으니까 문화적 활동에 돈을 아껴서는 안 됩니다.

그렇다면 의식주 비용을 줄일 수밖에 없습니다. 입을 것은 하나도 사지 않습니다. 목욕탕에도 가지 않습니다(난로에 물을 끓여 수건으로 몸을 닦고, 설거지대에서 머리를 감았습니다). 먹을 것이 없을 때는 수돗물을 마시고 굶주림을 달래는 생활을 반년쯤 계속했더니, 아니나 다를까 뼈와 가죽밖에 남지 않았습니다.

돈을 빌릴 수 있는 친구들은 이미 빌릴 대로 빌린데다 기껏해야 고등학생 주제이기 때문에 "1,000엔만 빌려주지 않을래?" 하는 정도로 버텨야 합니다.

이리하여 집을 나온 지 겨우 몇 개월 만에 나는 경제적으로 옴짝달싹 못하는 상태가 되어버렸습니다.

고개를 숙이고 집으로 들어가다

혼자 살기 시작한 초기에는 그야말로 '이제 나는 대학 진학을 포기하고 중졸의 최하층 노동자로 일할 것'이라며 반항자로서 드높은 자부심을 품었지만, 시간이 얼마간 지나자 실제 현실에 눈이 뜨이기 시작했습니다.

나는 막연하게나마 고등학교를 중퇴하고 집을 나오기만 하면 금방이라도 온갖 '가슴 뛰는 활동'에 참가할 수 있을 것 같았습니다만,

실제로는 그저 세상사 모르는 철부지에 불과했기 때문에 아무도 상대해주지 않았습니다.

따라서 매일 주린 배를 움켜쥐고 아르바이트 일터와 방을 왕복하는 수밖에 없습니다.

아르바이트를 마치고 방으로 돌아가는 도중에 중국요리점을 지나가야 할 때는 괴로움이 차올랐습니다. 안에는 밝은 불빛 아래서 노동자들이 라멘이나 군만두를 복스럽게 먹고 있습니다.

부럽다…… 그러면서 방으로 돌아와 전날 사다 둔 딱딱한 식빵을 씹었습니다.

만약 이때 누군가가 "밴드 하지 않을래?" 하거나 "연극 하지 않을래" 하거나 "영화 만들어보지 않을래?" 하고 말을 걸었다면 기꺼이 졸래졸래 따라갔을 것입니다. 동시에 누군가의 집에 들어가 공동생활을 하게 해달라고 애타게 빌지 않았을까 상상해봅니다. 1960년대 말이란 시기는 그런 일이 아무렇지도 않게 이루어졌기 때문입니다.

그러나 유감스럽게도 아무도 내게 "함께 해보지 않을래?" 하고 말을 걸어주는 이가 없었습니다.

빼빼 마른 중졸 노동자로서 극빈 생활을 견디는 가운데 '이 상태를 벗어나기는 좀 무리일 것 같구나' 하는 생각이 들기 시작했습니다.

처음에는 지원해주던 고등학교 친구들도 자기들 생활에 급급하니까 언제까지나 내게 신경을 써줄 수 없습니다. 그러는 사이 방세가 밀리고 친구들이 멋대로 자고 가고 하니까 집주인에게 질책당하며 퇴거해달라는 요청을 받고 말았습니다.

그러나 세든 방을 내어주고 나가려고 해도 지갑에는 100엔짜리 동전 몇 개밖에 없습니다. 공동주택을 빌릴 보증금이나 사례금은 지갑을 아무리 털어도 나오지 않지요. 진퇴양난에 몰린 나는 집으로 돌아가기로 마음먹었습니다.

"일전에는 죄송했어요. 앞으로 심기일전해서 입시 공부 열심히 할게요. 고등학교는 나와버렸으니까 대학 검정시험을 보고 대학에 진학하겠습니다. 용서해주세요." 이렇게 부모님께 고개를 숙이고 사죄했습니다.

원래 부모님과 사이가 나쁜 편이 아니었습니다. 집을 나올 때도 "나가버려, 이 자식!", "나가라고 하면 못 나갈 줄 알아요?" 하는 식으로 험악한 장면 없이 어느 날 문득 내가 자취를 감추었을 뿐이므로, 집으로 들어갈 때도 부모님은 "그럼 그러든지!" 할 뿐이었습니다.

다시 생각해보면 그때 아버지가 "알았으니까 좀 앉아봐라. 처음부터 네 생각이 틀렸다는 걸 이제는 알겠지?" 하는 식으로 설교를 들었다면 차마 견디지 못했을 것 같습니다.

다행히 그런 일 없이 아버지는 "당분간 용돈은 없다!(따라서 외출할 수 없다!)" 하는 가벼운 처벌로 이 사안을 마무리했습니다.

아버지는 내 성격을 잘 알았던 듯합니다. 그때 아버지가 나를 향해 "그것 봐라, 꼴 좋구나" 하고 버럭 화를 냈다면, 그 순간은 잠자코 참았어도 몇 년 동안 아버지와 말도 하지 않고 외면하는 식으로 반항했을 테니까요.

아버지도 나를 키우는 동안 이 아이는 '호랑이 꼬리'를 밟히면 돌이킬 수 없으리라는 것을 잘 알고 있었습니다. 그래서 실컷 훈화 말씀을 퍼붓고 싶은 마음을 자제하고 "그럼 그러든지!" 하는 한마디로 끝내주었습니다.

시간이 흐르고 나서 나는 당시 아버지가 베풀어준 아량이 진심으로 고마웠습니다.

하시고 싶은 말이야 얼마든지 있었겠지만, 그럴 때 위압적인 태도로 자식에게 수치심을 안겨주지 않았습니다. 그때 나는 가출에 실패했다는 사실보다 인생의 첫 '승부'에 실패한 얼간이 아들을 부모님이 잠자코 받아준 태도를 통해 인생의 교훈을 적잖이 얻었다고 생각합니다.

비록 가족이라 해도, 아무리 부모 자식 사이라 해도, 상대가 아무리 잘못했다 해도, '굴욕을 안겨주는' 일을 해서는 안 됩니다. 이것이 부모님께 배운 가장 소중한 교훈이었습니다.

대학 검정시험을 위해 맹렬하게 공부하다

부모님께 고개를 숙이고 집으로 들어간 것은 1967년 12월입니다.

다음 해 설날부터 입시 공부를 다시 시작했습니다. 반년 이상 '공부'에 손도 대지 않았는데 대학 검정시험 날은 8월 초순입니다. 준비할 시간이 7개월밖에 없었지요.

당시 대학 입학 자격 검정시험에 합격하기 위해서는 16개 과목의 점수를 60점 이상 받아야 했습니다. 고등학교 2학년까지 이수해 시험을 면제받은 것은 겨우 세 과목뿐입니다. 따라서 열세 과목을 공부해야 했습니다.

시험 자체는 고등학교 입시보다 조금 수준이 높은 정도일 뿐이었고, 60점만 받으면 합격입니다. 2년 전 도립 고등학교의 진학을 위해 9과목의 시험공부를 해둔 것이 아직 머릿속에 남아 있었으니까 공부에 대한 부담 자체는 그다지 심하지 않았습니다. 하지만 한 과목이라도 60점을 받지 못하면 대학 진학이 1년 더 늦어집니다. 시험 당일 감기에 걸리더라도, 파업으로 지하철이 멈추더라도, 가야 할 길은 반드시 가야 합니다.

그래서 급작스레 머리띠를 꽉 조여 매고 수험 공부에 돌입했습니다. 오전 3시간, 오후 5시간, 하루에 8시간을 기본으로 잡고 아침부터 밤까지 일요일도 휴일도 없이 오직 공부만 했습니다.

어느 날 텔레비전을 켰는데 차마 잊기 힘든 화면을 보고 말았습니다.

1월에 사세보(佐世保)에서 일어난 '엔터프라이즈 기항 저지 투쟁'(사세보 투쟁)주15) 장면이었습니다. 이 뉴스를 보고 "아, 이것이었구나!" 하고 한숨을 쉬었습니다.

주15) 1968년 1월 미국 해군의 원자력 항공모함 엔터프라이즈의 기항(미군 사세보 기지로 입항)에 반대해 혁신정당, 단체, 주민이 벌인 운동으로, 일부에서는 폭동이 일어났다. -역주

여름에 가출할 때는 학생운동에 참여하겠다는 선택지가 머릿속에 없었습니다.

삼파계 전학련 학생들이 모여 집회를 열거나 강령을 둘러싸고 의견을 조정한 곳은 아마도 오차노미즈의 중앙대학이나 메이지대학의 캠퍼스였을 것입니다. 나는 그것도 모르고 그 시기에 화려하게 정치 무대 위로 속속 등장하는 대학생들 바로 옆에서 '무슨 일이 일어나지 않을까' 조바심으로 바동거리며 매일 재즈를 듣고 커피를 내렸습니다.

만약 내가 '뉴포트'에서 반년 늦게 일을 시작했더라면 대학생들이 '고양이 손이라도 빌리고 싶을' 만큼 운동을 확산해나가는 시기와 겹쳤을 테니까, "어이, 거기 고등학생! 이리로 좀 와봐" 하며 머리에 헬멧을 씌우고 캠퍼스 바리케이드 봉쇄와 시위 행진에 동원했을지도 모릅니다.

다행인지 불행인지 나는 좀 이른 시기에 그곳에 있었습니다.

그러므로 텔레비전 화면으로 헬멧을 쓰고 자치회 깃발을 나부끼며 각목을 쥐고 시위를 벌이는 사세보의 학생들을 봤을 때, '아, 나는 여기에 참가하고 싶어서 고등학교를 그만둔 것인가……' 하는 깨달음이 스쳐 갔습니다.

하지만 이미 때는 늦었습니다. 부모님께 "이제부터 열심히 공부할게요" 하고 납작 엎드려 집에 들어온 지 채 반 달밖에 지나지 않았으니까요.

실제로는 그 전해 10월에 일어난 하네다 투쟁이 바로 삼파계 전학련이 등장하는 정치사의 전환점이었습니다. 그런데 당시 10월에 나는 극빈 생활을 한창 견디며 텔레비전도 보지 않고 신문도 읽지 않았기 때문에 하네다 투쟁의 '영상'을 보지 못했습니다.

1968년 1월 사세보 투쟁 때는 텔레비전이 있는 환경으로 돌아왔으므로 헬멧과 자치회 깃발과 각목을 처음으로 목도하고는 '오오, 이런 일이!' 하고 흠칫 놀랐던 것입니다.

얌전하게 입시 공부에 7개월 동안 매달린 결과 8월에는 무사히 사흘에 걸친 대학 검정시험을 보고, 10월에 합격 통지서를 받았습니다.

1968년 10월 동급생들은 고등학교 3학년이었지만, 나는 고등학교 2학년 중퇴인데도 그들보다 일찍 고등학교를 졸업한 셈이 되었습니다.

얼마나 기쁜지, 히비야고등학교를 찾아가 "얘들아, 너희는 반년이나 학교를 더 다녀야 졸업할 수 있지? 수고해라" 하고 짓궂게 놀렸기 때문에 반 아이들의 빈축을 샀습니다.

말은 그렇게 했지만 나는 대학 검정시험을 위해 대학 입시와 무관한 과목까지 공부했기 때문에 대학 입시 시험공부에는 그만큼 뒤떨어져 있었습니다. 사실 동급생들에게 '짓궂은 놀림'을 하러 갈 여유는 없는 상태였지요. 그런 상황이라 그 후 반년 동안 필사적으로 입시 과목에 매달렸습니다.

다음 해 1969년에 도쿄대학으로 시험을 치러 갈 예정이었지만,

1969년 1월에 '야스다강당(安田講堂) 사건'주16)이 일어나 도쿄대학은 입시를 중지했습니다.

그래서 대학을 바꾸어 교토대학 법학부를 지망했지만, 유례없는 높은 경쟁률에 걸려 떨어지고 말았습니다. 이에 순다이(駿台) 입시 전문학교에 들어갔습니다.

순다이학교의 학생증을 얻음으로써 오랜만에 '학교에 속해 있다'는 사실을 서류로 보증받았다는 사실에 무척이나 마음이 놓였던 것을 기억합니다. 생각해보면 열여섯 살 봄부터 열여덟 봄까지 2년 동안 '중졸에 무직'이었으니까요.

규칙적인 재수생 생활

1968년 가을에 부모님이 오다큐사가미하라(小田急相模原)라는 오다큐센(小田急線) 선로 근처에 토지를 매입해 이사함으로써 17년 동안 살던 오타구 시모마루코를 떠났습니다.

입시 전문학교의 오전 수업은 아침 8시 반부터 시작하므로 시간에 맞추어 등교하는 일은 힘들었습니다.

파죽지세로 도쿄 교외에 택지를 조성하던 시기로, 내가 타고 다닌 오다큐센 전철은 인구 증가율 일본 제일의 마치다시(町田市)를 지나

주16) 1969년 학생운동 조직인 전학공투회의(전공투)가 도쿄대학의 야스다강당을 점거해 바리케이트로 봉쇄한 데 대해 총장의 요청으로 경찰 기동대를 투입해 진압한 사건. -역주

가는 유일한 교통기관이었습니다. 아침 출근 시간 승차율이 300퍼센트 이상이라고 할 만큼 혹심하게 붐볐지요.

한쪽 발이 공중에 뜬 채 신주쿠(新宿)까지 실려 간 적은 셀 수도 없고, 산소 부족 탓으로 전철 안에서 빈혈을 일으킨 적도 두 번이나 있었습니다.

아침 6시에 일어나 역까지 자전거로 달려간 다음 오차노미즈까지 다녔습니다. 하지만 입시 전문학교의 수업은 오전 중 끝납니다. 매일같이 '반공일(半空日)'주17)인 셈이니까 수월하다면 수월합니다.

게다가 전해 도쿄대학의 입시 중지 여파로 순다이학교에는 히비야고등학교의 동기생들이 200명쯤 들어왔습니다.

나와 친하게 지내던 친구 중 곧장 합격한 사람은 손에 꼽을 정도밖에 없었습니다. 나머지는 다 순다이학교에서 재회했습니다.

수업이 끝나면 친구들과 어울려 '이모야'의 튀김, '남해'의 카레, '야마노우에 호텔'의 런치를 먹으러 가고, 진보초의 마작 오락실에서 놀다가 저녁밥 시간에 귀가해 심야까지 공부하고, 다음 날 아침 6시에 일어납니다. 다람쥐 쳇바퀴 돌 듯 건전하고 규칙적인 생활이 이어졌습니다.

1년 동안 재수하고 난 뒤 1970년에 도쿄대학 교양학부 문과Ⅲ류라는 문학부 진학 코스에 입학했습니다.

합격 발표는 3월 중순에 났던 것으로 기억합니다. 부모님께 "두

주17) 오전만 일하고 오후에는 쉬는 날이라는 뜻으로, '토요일'을 이르던 말. -역주

분 덕분에 합격했어요" 하고 합격 소식을 알려드리고 며칠 후 도쿄대학 고마바(駒場) 캠퍼스에 있는 기숙사로 거처를 옮겼습니다. 대학에 들어가면 가라테(空手) 동아리에 들어가겠다고 마음먹었기 때문입니다.

천황제를 알기 위해 우선 무도를 배우다

가라테는 입시 전문학교 시절에 시작했습니다.

1969년 5월 도쿄대학 전공투(全共闘) 대 미시마 유키오(三島由紀夫)의 싸움이 고마바 캠퍼스에서 일어났습니다. 그 모습을 그대로 수록한 『토론 미시마 유키오 vs. 도쿄대학 전공투 – 미(美)와 공동체와 도쿄대학 투쟁(討論 三島由紀夫 vs. 東大全共闘—美と共同体と東大闘争)』이 한 달 뒤에 나왔지요.

이 책에서 미시마 유키오는 "야스다 강당에서 전학련(全學連) 학생들이 농성하고 있을 때 그들이 천황이라는 말을 한마디라도 했다면, 나는 기꺼이 함께 농성에 참여했을 것이고 기꺼이 함께했을 것입니다" 하고 밝혔습니다.

이 한마디는 출판 이전부터 옮겨 말하기 게임처럼 우리에게 알려졌습니다. "미시마는 전공투가 '천황'이라고 한마디만 했으면 야스다강당에서 함께 농성했을 것이라고 말했다." 이 말은 내게 대단히 충격적이었습니다.

나는 고등학생 때부터 미시마 유키오의 책을 읽었습니다. '방패의 모임(楯の會)'주18) 같은 의사(疑似) 군사 활동의 유효성에는 회의를 품었지만, 『우국(憂國)』이나 『영령의 소리(英靈の聲)』에는 말 그대로 압도당했습니다.

주18) 간접 침략에 대비하기 위한 민간 방위조직(민병)으로서 미시마 유키오가 결성한 군대 집단을 말한다. -역주

세계를 뒤흔드는 강렬한 정치적 운동을 위해서는 영적 에너지가 필수적이라는 것을 미시마 유키오만큼 주저 없이 솔직하게 이야기하는 사람은 없었던 것입니다.

그리고 1969년 가을에 『우국』을 읽은 다음 곧장 오다큐사가미하라 역 앞 빈터에 조립식 건물로 지은 '신부칸(神武館)'이라는 가라테 도장에 입문했습니다.

어째서 『우국』을 읽고 가라테를 배우자고 결심했을까요. 어떤 인과 관계인지 오늘날에는 설명할 수 없지만, 여하튼 '무도(武道)에 입문하자'고 생각했습니다.

고쥬류(剛柔流)[주19] 2단 보유자인 젊은 사범은 온화한 목소리와 강한 인내심으로 지도해주었습니다.

문인(門人)이 겨우 몇 명인 작은 도장이었지만, 대학에 들어갈 때까지 반년쯤 일주일에 이틀 나갔습니다. 비 오는 날은 건물 안, 맑은 날은 땅 위에서 연습했습니다.

그러므로 대학에 들어간 뒤에도 가라테를 훈련하자고 결심했습니다.

일본에서 정치 활동을 성공시키려고 하면 전 국민적으로 정치적 에너지를 발산하는 '지렛대'가 필요한데, 그것이 '천황'이라고 미시마 유키오는 말했지요.

나는 이 말이 피부에 와 닿지 않았고 무슨 뜻인지 전혀 이해하지 못했습니다.

주19) 가라테의 유파로서 오키나와 3대 유파(고쥬류剛柔流, 우에치류上地流, 쇼린류小林流) 중 하나이자, 일본 본토 가라테의 4대 유파 중 하나로 알려져 있다. -역주

세대의 측면으로 볼 때 우리는 실로 '전후 민주주의'의 한가운데서 자랐기 때문에 천황제가 어떤 정념(情念)을 일으키는지에 대한 개인적 경험이 하나도 없습니다. 하지만 신체적 감각은 없어도 미시마 유키오가 '있다'고 하면 '있다'는 느낌이 들었습니다.

천황제가 어떤 회로를 통해 이어지면 좋을지 알 수 없습니다. 미시마 유키오는 검도를 하고, 가라테를 하고, 앉았다가 재빨리 칼을 뽑아 적을 베는 검술을 하고, 자위대를 체험하러 입대했기 때문에 그처럼 '무장투쟁' 계열로 신체를 훈련하면 '천황제의 본뜻'을 알 수 있지 않을까 상상했던 것입니다.

아마도 그렇게 생각했다고 봅니다. 18세 아이가 떠올린 생각이니까 그다지 복잡한 이치를 거쳤을 리 없습니다.

그러나 '천황제를 이해하고 싶으면 우선 무도를 수행해야 한다'고 넘겨짚은 생각은 직감의 차원에서 볼 때 그리 나쁘지 않습니다.

이리하여 봄 방학을 맞이한 고마바 기숙사의 가라테 동아리를 찾아갔습니다.

봄 방학이니까 기숙사생은 거의 고향으로 돌아가고 기숙사는 텅 비어 있었지만, 가라테 동아리 방에는 몸 상태가 좋지 않아 잠을 자는 사람이 한 사람 있었습니다. 그 사람이 가라테 동아리의 부주장이었습니다.

"안녕하세요."

"무슨 일이지?"

"저기, 이번 4월에 입학하는 학생인데 가라테 동아리에 가입하려고요. 봄 방학부터 동아리 방에 들어와도 될까요?"

이런 대화를 주고받았습니다.

1969년은 도쿄대학 분쟁의 영향으로 입시를 중지했기 때문에 고마바 캠퍼스는 1970년 4월 2년 만에 신입생을 받는 셈입니다.

1968년에 들어온 학생들은 3학년이 되어 혼고(本鄕) 캠퍼스로 진학했기 때문에 통상적으로 진학했다면 도쿄대학의 고마바는 1학년만 다니는 캠퍼스였을 것입니다.

하지만 신입생은 좌익도 우익도 모릅니다. 본디 동아리 활동과 정치 당파는 신입생을 끌어들여 회원을 새로 보충하지 않으면 조직을 유지할 수 없습니다. 따라서 다양한 동아리 간부들과 정치 당파의 지도자들은 일부러 낙제를 선택해 2학년이지만 고마바 캠퍼스에 남았습니다. 가라테 동아리에는 3학년이 되어 혼고 캠퍼스로 진학해야 할 주장과 부주장이 남아 신입생을 모집하고 연습을 지도했습니다.

그런 상황에 봄 방학부터 "가라테 동아리에 들어올게요" 하고 신입생이 제 발로 찾아왔으니 환영하지 않을 이유가 없습니다.

"기숙사 방은 텅 비었으니까 언제라도 들어와." 다행히 이렇게 말해주었고, "그러면 내일 올게요" 하는 식으로 흘러갔습니다.

다음 날 형이 운전해주는 소형 트럭에 짐을 싣고 기숙사로 이사했습니다.

기숙사는 침대와 책상과 책장을 표준으로 구비해놓았기에 필요한 짐은 이불과 갈아입을 옷을 넣은 작은 장, 그리고 책 수십 권뿐입니다. 소형 트럭 짐칸에 전 재산이 실렸습니다.

참으로 몸이 가벼운 호시절이었습니다.

생글생글 웃으며 가족과 이별을 고하고 사가미하라의 집을 떠났습니다. 그때는 그 집에서 가족과 함께 사는 일이 두 번 다시 없으리라는 생각을 하지 못했습니다.

고마바 기숙사라는 무정부적 공간

고마바 기숙사는 나중에 헐어버렸습니다만, 기숙사 위원회가 관리하는 자치 기숙사로서 개방적이라기보다는 무정부적 공간이었습니다.

일고(一高) 시대[주20]부터 내려오는 낡은 건물이 세 채에 기숙사생 수백 명이 살았습니다. 남자 기숙사이긴 한데 가끔 정체 모를 여성도 묵었습니다. 복도에서 스쳐 지나가면서 아침 인사를 나눈 적도 있습니다.

하지만 그 나름대로 규칙이 있었습니다.

야스다강당 투쟁으로 몰락한 이후 도쿄대학 투쟁은 기세가 수그러들고 있었지만, 아직 당파 투쟁이 성행한 시기였기에 학내에서는 일상다반사로 서로 충돌하고 주먹을 날렸습니다. 다만 그런 싸움을 기숙사 안으로 끌어들이지 않는 것이 불문율이었습니다.

주20) 1886년 일본의 근대국가 건설을 위해 필요한 인재 양성을 목적으로 창설한 '일고'는 현대 도쿄대학 교양학부 등의 전신인 구제고등학교로 구제 일고라고도 부른다. -역주

그야 그럴 수밖에 없지요. 화장실에 가고 목욕하고 밥을 먹는 일상생활 공간에서 정치적 견해가 다르다는 이유로 폭력을 행사해서는 안 되니까요.

기숙사 바깥에서는 주먹다짐을 벌이더라도 기숙사 안에서는 노려보는 정도로 참을 뿐 손찌검은 하지 않습니다. 기숙사에서 다치는 사람이 나와 경찰이 찾아오는 사태는 절대로 있어서는 안 됩니다.

그렇게 보면 일고 시대 이래 자치의 전통이 아직 남아 있었습니다.

캠퍼스가 정치 과잉 상태에 매몰된 탓에 구제고등학교의 공동체 의식은 거의 무너져버렸습니다만, 기숙사생 대다수는 경찰이나 대학 당국에 기숙사의 자치를 간섭받지 않겠다는 의지만은 계속 굽히지 않았습니다.

그때까지 집과 입시 전문학교를 왕복하기만 하던 내게 대학 기숙사는 참으로 멋지고 개방적인 공간이었습니다.

고마바 기숙사는 이 세상의 천국이라고 할 수 있었지만 생활 환경으로서는 최악입니다.

'청결하다고 하기 어렵다'는 정도가 아니라 단언컨대 '더럽습니다.' 지나치게 더럽히지 않도록 정기적인 강제 '방 바꾸기'를 통해 슬럼화를 막았습니다만, 단 몇 주일 만에 원래 더러웠던 방은 쓰레기 더미로 변해버립니다.

고마바 기숙사는 동아리와 연구회 단위로 방을 배당했습니다. 따라서 기숙사생은 모두 형식적으로 어딘가 동아리나 연구회의 회원이기도 합니다.

배당받은 방은 약 열 평 크기로 침대 몇 개와 책상 몇 개, 책장이 놓여 있고, 물건을 잘 정리하기만 하면 한가운데 모여 이야기하거나 식사할 수 있는 공간도 있습니다.

가라테 동아리는 남북으로 마주 보는 방 두 개를 배당받았습니다. 남쪽에는 낙제생 선배들 네 명, 북쪽에는 신입생이 살았습니다.

북쪽 방에는 교양학과 4학년이라는 '고참 죄수' 같은 사람이 있었는데, 자기가 방의 절반을 혼자 차지하는 바람에 나머지 절반에 1학년 다섯 명이 억지로 밀집 상태로 지냈습니다.

상급생들은 그 '고참 죄수'를 멀리하고 신입생과 같은 방을 썼는데, 확실히 '멀리할 만한' 점이 있었습니다. 평소에 미간을 찌푸리고 늘 기분이 언짢은 사람이라 신입생들은 부스럼이라도 옮을까 가까이 다가가지 않았습니다.

그런데 이 사람이 쓰레기를 바닥에 버리는 것이었습니다.

"이봐, 라면!" 이렇게 말하면 1학년 누군가가 난로에 물을 올려 "자, 드세요" 하고 라면을 끓여 대령합니다.

먹다 남은 찌꺼기는 바닥에 그대로 버렸습니다. 이미 몇 센티미터나 쌓여 퇴적물을 이룬 휴지가 국물을 빨아들입니다.

실로 불결하기 짝이 없습니다.

무엇보다도 기막힌 일은 '기숙사 빗물'입니다. 기숙사 2층, 3층에 사는 사람들이 창밖으로 오줌을 눕니다.

각 층에는 화장실이 있으니까 거기에 가서 해결하면 될 텐데, 고마바 기숙사에는 전통적으로 위층 기숙사생이 창밖으로 소변을 봐야 한다는 규칙이 있는 듯합니다.

따라서 절대로 북쪽 창문을 열어서는 안 됩니다. 하지만 여름에는 더우니까 창을 꼭 닫아둘 수도 없는 노릇입니다.

아래층 창문이 열려 있다는 것을 알면서도 위층 놈들은 아랑곳없이 기숙사 빗물을 쏟아버립니다. 바람이 불면 창으로 들어오기 때문에 말할 수 없이 더럽습니다.

따라서 기숙사 북쪽 땅은 언제나 젖어 있고 이끼가 끼어 있습니다. 일고 시대부터 필시 퇴적한 유물이겠지요.

목욕탕이 있기는 있는데 나는 기숙사에 사는 동안 결국 목욕탕이나 식당에 가지 않았습니다.

기숙사비에는 목욕비와 식대가 포함되어 있을 테지만, 4월에 딱 한 번 가보고 난 뒤에는 뒤도 돌아오지 않고 발길을 돌렸습니다.

대개 매일 아침저녁으로 가라테를 연습하기 때문에 땀을 흘립니다. 속옷도 갈아입지 않은 채 그대로 강의를 들으러 가거나 시위에 나가거나 아르바이트를 하러 갑니다.

더럽지요. 도복도 한 벌밖에 없으니까 빨아서 말릴 여유가 없습니다. 흉측한 쉰 냄새가 나는 축축한 도복을 매일 입었습니다.

여름이 되기 전에 1학년 학생 절반이 치질로 고생합니다. 극도로 불결하게 지내면 치질에 걸린다는 사실을 그때 알았습니다.

1970년 6월은 안보 투쟁[주21]의 절정기였으므로 활동가들은 모두

주21) 1960년 미일 안전보장 조약의 개정을 반대한 시민운동으로 일본 역사상 가장 대규모의 대중 투쟁. -역자

기숙사 안 당파 방에서 먹고 잤습니다.

거의 매일 시위나 집회가 있었으니까 활동가 제군은 강의 따위에 출석하지 않습니다. 오로지 등사판을 긁고 선전지를 뿌리고 시위하러 나갔습니다.

그러다가 6월에 들어 안보 조약이 자동으로 계속 유지된다고 하자 당면의 투쟁 과제가 없어지면서 한숨 돌리는 분위기로 돌아섰습니다.

그러자 그때까지 기숙사 안에 머무르던 각 당파의 활동가 제군도 목욕할 마음이 생겨 목욕탕에 가기로 했습니다. 나도 그들을 따라가 오랜만에 목욕탕에 몸을 담갔습니다.

나도 6월에는 거의 매일 시위에 나갔기 때문에 일 주일 만에 목욕한 셈이었는데, 선배 중에는 4월부터 한 번도 목욕하지 않고 옷도 갈아입지 않은 강적이 있었습니다. 그의 얼굴은 새까맸습니다.

처음에는 햇볕에 그을렸는가 했는데 그게 아니었습니다. 새까맣게 더께가 앉은 것이었습니다. 목욕탕에서 머리부터 물을 끼얹었더니 구정물이 흐르는 모습을 보고 알았습니다.

그 선배가 머리를 감고 몸을 씻고 면도를 하고 목욕탕을 나서는 모습은 마치 노숙자 아저씨 같았던 사람이 빤이 매끈하고 선홍빛을 띤 스무 살 청년답게 변신한 듯했습니다.

“선배님, 얼굴이 이렇게 생겼었어요?” 하고 깜짝 놀랐습니다.

밉상 선배에게 돌려차기를 날리다

그 무렵 가라테 동아리의 졸업생 중 밤늦게 고마바 기숙사에 찾아와서는 한밤중에 잠들어 있는 1학년을 흔들어 깨워 연습을 시키는 선배가 있었습니다.

"은행나무 가로수 이쪽 끝에서 저쪽 끝까지 찌르기를 하면서 왕복 실시!"

이런 식으로 터무니없는 명령을 내립니다.

졸업생이라고 해도 이제 학부를 나와 회사에 막 들어간 풋내기 신입사원이었으니까 아마도 회사 다니느라 힘든 일이 있었을 것입니다. 그런 울분을 털어내기 위해 가라테 동아리 1학년을 괴롭히러 왔습니다.

그러나 체육 동아리에서는 선배의 뜻을 거스를 수 없습니다. 맞은편 방에 있는 주장들도 그 졸업생의 '기합'은 못 본 척했습니다.

밤중에 술에 취한 그 선배가 방에 들어와 잠을 깨우면 1학년들은 진절머리를 쳤습니다.

그런 일이 몇 달 동안 계속 이어졌습니다. 여름방학이 끝날 즈음, 아마도 토요일 오후 연습 때인데 그 선배가 체육관으로 선물을 들고 왔습니다. 맥주 한 상자와 일본주였습니다.

아직 더울 때였기 때문에 체육관 밖에 오랜 시간 내버려둔 맥주와 일본주는 미지근해져서 도저히 마실 만한 상태가 아니었는데, 선배들은 "졸업생이 사 들고 오신 것이니까 고마운 마음으로 마시자" 하고 연습 후 체육관에 빙 둘러앉아 술판을 벌이기로 했습니다.

1학년 십여 명이 인내심을 발휘해 미지근한 맥주를 종이컵에 부어 다 마셨더니, 이번에는 선배가 친히 1학년에게 일본주를 따라서 돌렸습니다. 그리고 한 사람 한 사람 앞에 장승처럼 버티고 서서는 “자, 마셔라~!” 하고 명령했습니다.

1학년은 기껏해야 열여덟, 열아홉 살이니까 술을 마실 수 없습니다. 내 옆에 있던 왜소한 학생은 전혀 술을 못 마시는 아이였기 때문에 선배가 “마셔라~!” 하고 호통치자 겁을 먹고 종이컵을 든 손을 부들부들 떨었습니다.

나는 화가 치밀어 “이놈 것은 제가 마실게요” 하고 이인분을 한꺼번에 마셨습니다. 그리고 내 종이컵을 선배에게 내밀며 “선배님도 한잔 하세요” 하고 찰랑찰랑 술을 부어 “마셔라~!” 하고 위협적인 저음으로 말했습니다.

그 선배는 분통이 터지는지 얼굴이 창백해지더니 종이컵에 든 술을 단숨에 마시더니, “우치다, 일어서라! 대련하자!”고 말했습니다.

상대는 가라테 2단이고 나는 흰 띠입니다. 제대로 대련을 벌였다가는 당연히 승산이 없지요. 그래서 일어서는 동시에 상대의 관자놀이를 노려 갑자기 돌려차기를 날렸습니다. 하지만 낮술을 마신 다음이라 다리가 흔들려 헛발질이 되고 말았지요. 다음 순간은 이미 옴팡지게 두들겨 맞아서 코뼈가 부러지고 정신을 잃고 피투성이가 되어 방으로 실려 왔습니다.

그날 주장은 내게 동아리에서 나가라고 명령했습니다.

“우치다, 너는 퇴출이야. 그 선배가 심했다는 건 우리도 알아. 하지만 장난으로라도 선배에게 한 방 날린 이상 가라테 동아리에는 적을 둘 수 없어."

동아리에서 쫓겨나면 가라테 동아리 방에서도 나가야 합니다. 짐은 얼마 없으니까 이사 자체야 수월하지만, 퇴출 처분을 받은 만큼 같은 방 친구들에게도 인사할 면목이 없습니다. 다른 1학년들은 '딱하게 되었다'고 생각해주었겠지만, 아무도 내게 말을 걸지 않았습니다.

우선 같은 기숙사의 다른 방에 사는 친구들을 찾아갔습니다. 그곳은 어떤 동아리에도 속하지 않는 기숙사생들이 적당히 '그럭저럭 연구회'라는 간판을 걸고 지내는 방이었습니다.

"여기, 침대가 비어 있지?"

"응, 비어 있어."

그 방에서 며칠 동안 임시로 머무르며 앞으로 살아갈 방을 찾았습니다.

사는 곳을 전전하다

고마바 기숙사를 나오고 싶은데 어디 괜찮은 곳이 없는지 여기저기 물어보고 다녔습니다. 그랬더니 경음악연구회의 친구가 자기들이 사는 학생 기숙사에 빈방이 있으니까 오라고 권해주었습니다(나는 가라테 동아리뿐 아니라 경음악연구회와 역사연구회에도 가입했는데, 경음악 동아리에서는 드럼을 쳤습니다).

학생 기숙사는 세타가야구(世田谷區)의 노자와(野澤)라는 곳에 있었습니다. 시부야(澁谷)에서 버스와 도보로 20분쯤 걸리는 곳입니다.

노자와의 학생 기숙사에서 1년쯤 살았습니다. 방세도 저렴하고 고마바 기숙사에 비하면 깨끗했지만, 규칙을 어기고 여자친구를 데리고 와서 다른 기숙사생들이 화를 내는 바람에 지내기 거북해졌습니다. 기분전환도 할 겸 오차노미즈로 이사하기로 했습니다.

고등학교 동기이자 내가 가출했을 때 이모저모 도와준 친구가 부친의 전근과 형의 결혼으로 가족이 떠난 커다란 저택에 혼자 살기 시작했습니다. 오차노미즈의 간다(神田)신사 경내에 있는 집이라 교통이 편리했습니다. 전화, 목욕탕, 냉장고, 에어컨도 다 있고, 부모님도 안 계신다는 더할 나위 없는 조건입니다.

곧장 불량한 친구들이 꿀 따러 모여드는 벌처럼 모여들었습니다. 한때 전성기에는 '집주인'을 빼고 군식구 세 명이 눌러앉아 정치적 밀담, 술자리, 마작 등 무엇이든 거리낄 것 없는 '양산박(梁山泊)'[주22]의 성채 같았습니다.

그때 다들 거침없이 실컷 사용한 전기, 수도, 전화 요금은 모두 친구의 부모님이 지불했을 것입니다. 아무도 그런 생각은 하지도 않았습니다. 젊은이란 실로 이기적이고 비상식적인 존재입니다.

고구치(小口) 집안의 어른들께는 이 자리를 빌려 40년 전에 저지른 잘못을 빌고 싶습니다.

주22) 중국 산동성(山東省)에 있는 지명으로 산세가 험하고 물이 깊어 관청에 반항하는 호걸들이 모여드는 곳인데, 『수호전(水滸傳)』의 송강(松江) 등 호걸들이 모여든 곳이 이곳이다. -역주

반년쯤 지나 하루가 멀다 하고 사람이 드나드는 '끝날 것 같지 않은 여름 캠프 같은 생활'에도 좀 지쳐갈 무렵, 차분한 룸메이트를 찾아 스스로 방을 빌려 살기로 했습니다. 룸메이트는 아르바이트 일하는 곳에서 사귄 학생인데, 화려한 정치 경력을 지닌 그는 웃는 모습이 시원하고 조용하고 낮은 목소리로 말하는 청년이었습니다. 참 좋은 사람을 알아봤다고 기뻐한 것도 찰나일 뿐, 그는 약속도 의무도 자기 편할 대로 잊어버릴 수 있는 '살아 있는 무책임'의 전형 같은 남자였습니다. 내가 소장한 책을 두어 권 빌려 간 채, 자기가 들고 온 솥과 이불을 친구 자동차 트렁크에 욱여넣은 채, 그는 어느 날 자취를 감추었습니다.

그 후 메구로(目黑) 역에서 전철을 탔을 때 불콰한 얼굴로 술에 취한 그와 만났습니다. 얘기를 들어봤더니 어떤 대규모 텔레비전 방송국에 취직했다고 가르쳐주었습니다. 나중에 시청률이 높은 그 방송국의 프로듀서로서 그의 이름을 몇 번이나 본 적이 있습니다.

내가 텔레비전이라는 매체를 신용하지 못하는 이유에는 그의 탓도 있습니다.

여자친구 어머니와는 천적

여자친구는 대체로 열아홉 이후로 언제나 있었습니다. 폐를 끼칠 수도 있어 자세히 말할 수는 없지만, 여자친구의 어머니가 딸에게

'우치다만큼은 안 된다'고 말한 것은 공통적입니다. 입시 전문학교 시절에 좋아하는 아이가 생겼는데 상대방도 싫지 않은 기색이었으므로 일요일에 전화를 걸어 "지금 만나러 가도 될까?" 했더니 좋다고 하기에 집으로 놀러 간 적이 있습니다.

그 아이의 부모님이 나오셔서 차를 마시고 "저녁 식사도 하고 가게" 하시기에 식사하고 들뜬 기분으로 집에 돌아왔는데, 다음날 만났더니 상대도 해주지 않았습니다. 편지를 보내도 답장이 없습니다. 물러서지 않고 왜 그러냐고 캐물었더니 "엄마가 그놈만은 절대로 안 된다"고 엄명을 내리셨다고 합니다.

그런 일이 자주 있었습니다.

남자아이들도 그랬지요. 집으로 놀러 가서 밥을 얻어먹고 그대로 눌러앉아 잠까지 잔 적이 곧잘 있었습니다.

그러면 아주 높은 확률로 상대방의 부모님이 "저놈하고는 사귀지 마라" 하는 말을 듣습니다.

딱히 무례를 범하지도 않았고 나쁜 말을 입에 담지도 않았는데 말입니다.

다만 나는 절대로 '착한 아이인 척'을 못하는 소년이었습니다. 누구 앞에서도 평소와 똑같이 술술 지껄입니다. 재떨이를 내주면 담배를 피우고, 친구 엄마가 "우치다 군은 술 마실 줄 알지?" 하면 "아, 감사합니다. 한잔 주세요" 하고 솔직하게 대응합니다.

그러나 아뿔싸! 이런 친절이 무섭습니다. 바로 덫이니까요. 어머니들은 그런 '기술'을 동원합니다. 상냥하게 대해주고 기분을 맞춰주면서 얼마나 '우쭐하게 행동하는 남자'인지 밝혀내는 것입니다. 그렇게 인물을 판단하고는 따끔하게 '그놈은 못써' 하고 선고합니다.

남자 친구들에게도 "엄마가 우치다는 집에 데려오지 말라고 했어. 미안하지만 더는 우리 집에 오지 말아줘" 하는 말을 들은 적이 있습니다.

과연 세상의 어머니들은 '보는 눈이 있다'고 생각합니다.

어머니들은 자식을 '나쁜 길'로 끌어들이는 유형을 직감적으로 알아채니까요.

'나쁜 길'이라는 말은 좀 과하지만, 부모님이 통제할 수 없는 영역으로 데리고 갈 듯한 느낌이 드는 것이겠지요. 어머니는 직감적으로 그런 낌새를 아는 것입니다.

남자 친구들조차 그러하니까 여자친구야 말할 것도 없습니다.

딸이 있는 어머니가 대학생쯤 되었을 때 딸이 데려오는 남자친구의 어떤 점을 보느냐 하면, 역시 '안정감'입니다.

착실하게 학점을 따서 4년 만에 졸업한 다음 제대로 취직을 준비해 일류기업에 들어가 출세하고, 30대에 집을 사고…… 이렇게 안정적으로 앞길을 기대할 수 있는 남자와 전혀 그런 기대를 할 수 없는 남자의 차이가 일목요연하게 눈에 들어오는 것입니다.

그런 점은 아버지보다는 어머니가 단연 예리합니다.

이 남자는 졸업해도 정규직에 취직하지 않고 빈둥거리며 '혁명'이나 '철학'이나 '로큰롤' 같은 변변치 못한 일에 질질 얽매여 인생을 헛되이 낭비하는 유형이구나! 어머니는 이런 유형을 잘 알아보는 것입니다.

그러므로 나에게 세상의 어머니들은 오랫동안 '천적'이었습니다. 상대방도 아마 그렇게 생각했을 테지만요.

'이런저런 소문은 들었어'

비교적 최근 있었던 일인데, 모르는 여성에게 이메일을 받았습니다.

"혹시 우치다 다쓰루 씨가 1970년 도쿄대학 오월제의 댄스파티에서 나와 춤을 춘 도쿄대학 가라테 동아리 회원이 아닌지요?"

나는 깜짝 놀랐습니다.

확실히 오월제의 댄스파티 때 가라테 동아리는 '경비'를 선다는 명목으로 동원되었기에 나도 콤비 상의에 넥타이를 매고 파티 회장을 돌아다녔습니다. 그때 마침 혼자 있던 오차노미즈여자대학의 수학과 여자아이와 플로어에서 춤을 춘 적이 있습니다.

나는 막 입학한 1학년이었지만 그녀는 2학년이었기 때문에 "나도 2학년이야" 하고 거짓말을 한 일까지 기억났습니다.

"틀림없이 나는 당신과 함께 춤을 춘 사람입니다. 그런데 반세기 가까이 지난 일을 아직도 잘 기억하고 있네요." 이렇게 답장을 보냈더니 또 메일이 왔습니다. 그녀의 기억에 따르면, 그때 나는 이제 막 만났을 뿐인 그녀에게 이름을 묻고는 "또 만나지 않을래? 전화번호 좀 알려줘" 하고 말했던 듯합니다(충분히 그러고도 남았겠지요).

그녀도 아주 마음이 없지는 않아서 '어떻게 할까?' 망설이고 있는데, 함께 댄스파티에 왔던 오차노미즈여자대학의 친구들이 "얘, 저 놈은 우치다 다쓰루라는 유명한 몹쓸 놈이야. 절대로 사귀면 안 돼!" 하고 단단히 주의를 주더랍니다. 그래서 마음을 접었다고 합니다.

이건 좀 너무하다 싶었습니다.

그도 그럴 것이 1970년 오월제라면 입학한 지 한 달밖에 안 되었을 때입니다. 나쁜 평판이 퍼지고 말고도 할 것 없이 입학 후에는 거의 매일 시위에 나가든지 가라테 연습이나 밴드 연습에 매달렸기 때문에 거리에 나가 '나쁜 짓'을 할 틈이 전혀 없었으니까 말입니다.

그런데 어째서 악평이 퍼졌을까……

만난 적도 없는 사람이 내 성과 이름을 다 안다는 것도 이상하지 않습니까.

아마도 고등학교 시절의 행적을 '침소봉대'해서 도립 고등학생 사이에 알려진 것이 아닐까 추측합니다.

그런 말을 듣고 있자니 좀 짐작 가는 일이 있습니다.

대학 입학 후 분반하는 일이 있었는데, 그 자리에서 전부 교단 앞으로 나가 자기소개를 했습니다. 출신 고등학교를 말해야 했으므로 "히비야고등학교를 중퇴한 우치다입니다" 하고 인사했는데, 인사를 끝내고 내 자리로 돌아오려고 할 때 낯모르는 동급생이 긴 머리를 쓸어올리며, "아하, 네가 바로 히비야의 우치다로구나! 이런저런 소문은 들었어" 하며 싱긋 웃었습니다.

아니, 도대체 무슨 '소문'을 들었다는 거지? 나는 고개를 갸웃했습니다.

고등학교를 중퇴한 것은 사실이지만, 그렇다고 학내에서 소란을 피운 것도 아니고 불미스러운 스캔들 같은 일이 있었던 것도 아닙니다.

하지만 고등학생들은 소문을 좋아하니까 필시 엄청나게 살을 붙여 '선생을 두들겨 패고 나갔다'든가 '동급생을 임신시켜 퇴학당했다'든가 '주색에 빠져 바텐더가 되었다'는 재미있는 이야기가 돌아다니지 않았나 싶습니다.

프랑스로 졸업 여행

대학도 다 못 다니고 중퇴하는 것이 아닐까 염려했습니다만 저공비행 같은 성적에도 불문과에 진학할 수 있었고, 정신을 차려보니 어느새 4학년이 되어 졸업을 앞두고 있었습니다.

"학점도 거의 다 이수했고, 내년 봄에는 무사히 졸업할 수 있을 것 같습니다." 이렇게 부모님께 보고를 드렸더니 매우 기뻐하셨습니다.

아버지도 어머니도 내가 대학을 졸업할 수 있으리라고는 생각하지 않았던 듯합니다.

"그러니? 졸업할 수 있단 말이지? 참 잘되었구나. 모처럼 불문과에서 공부했으니까 졸업 여행으로 프랑스에 다녀오렴." 이렇게 말씀하시며 용돈 50만 엔을 선뜻 내주셨습니다.

40년도 더 된 옛날에 아르바이트 시급이 겨우 500엔, 하이라이트(hi-lite) 담배가 70엔이던 시절인데 무려 50만 엔이라니! 이 금액에는 놀랄 수밖에 없었습니다.

아버지는 미쓰이조선(三井造船)을 정년퇴직한 이후 토목기계 회사의 사장이 되었습니다.

다나카 가쿠에이(田中角榮)[주23)]의 '일본열도 개조론'이 불러일으킨 유례없는 토목공사 붐 덕분에 종합 건설회사가 돈을 벌어들이던 시대입니다.

아버지의 토목기계 회사도 그 덕을 보았고, 아버지도 덩달아 금전적 여유가 있었습니다.

아버지에게 받은 용돈으로 1974년 6월부터 9월까지 3개월 동안 프랑스로 놀러 가기로 했습니다.

하지만 항공료가 아주 비쌌습니다. 아에로플로트(Aeroflot)[주24)]의 왕복 항공권 25만 엔, 3개월 체재비 25만 엔! 엔화가 약한 그 시대에는 1프랑이 60엔이었으니까 파리의 물가는 도쿄의 두세 배나 되었습니다.

따라서 50만 엔이란 금액으로는 아무리 허리띠를 졸라매도 파리

주23) 1918~1993. 일본의 정치가로서 64대, 65대 일본 총리를 역임했다. 전후 일본 경제의 고도성장을 본 궤도에 올려놓으며 일본 경제의 부흥을 이끌었지만, 정경 유착 및 금권 정치로 물의를 빚었다. -역주

주24) 러시아의 국영 항공회사. -역주

에서 3개월을 지낼 수 있을까 말까 했지요.

어학연수를 위한 학비는 도저히 융통할 수 없으니 오로지 '프랑스 체재'를 위한 여행이었습니다.

우선 파리에서 유학하던 아르바이트 시절의 친구 지로 군의 방으로 들어가 그곳을 거점으로 삼아 관광을 다녔습니다.

7월이 되어 더위가 시작되자 지중해로 해수욕하러 떠났고, 주앙레 팡(Juan-les-Pins)이라는 피서지의 호텔에 묵었더니 순식간에 돈이 떨어졌습니다. 급기야 가을에 파리로 돌아왔을 때는 호텔비도 부족해 귀국 직전에는 파리에서 사귄 일본인 유학생들의 집에 돌아가며 묵었습니다.

마지막 사흘 정도는 밥 먹을 돈도 없었지요. 돌아오는 비행기에 탔을 때는 기내식이 진수성찬으로 느껴질 만큼 굶주려 있었습니다.

실로 계획성이라고는 찾아볼 수 없는 야만적인 여행이었지만 재미있는 일도 있었습니다.

나중에 아사히신문(朝日新聞) 기자가 된 다케노부 에쓰오(竹信悅夫)라는 대학 친구가 파리에서 합류해 둘이서 파리의 낡은 호텔에 머물며 일주일 동안 '파리 문학 산책'을 즐겼습니다.

둘이서 프랑스 문학에 대해 시시콜콜한 퀴즈를 내고, 퀴즈와 관련이 있는 문학의 '성지'를 찾아다녔습니다.

파리에는 '어떤 작품의 무대가 된 거리', '어떤 작가가 살던 집과 그가 다니던 카페'가 얼마든지 있습니다.

우리는 전철도 타지 않고 걸어서 돌아다녔으니까 실로 돈이 들지 않는 놀이였습니다.

대학원 입시에 세 번 떨어지다

졸업논문으로는 모리스 메를로퐁티(Maurice Merleau-Ponty)의 철학을 다루었습니다.

졸업논문을 쓸 때는 지유가오카(自由が丘)에 있는 세 평짜리 하숙방에 틀어박혀 거의 방을 나오지 않은 채 책을 읽고 논문을 써 내려갔습니다.

이 작업은 무척이나 즐거웠습니다. 스스로 책을 읽고 연구하고 논문을 쓰는 일을 내가 진심으로 좋아한다는 것을 그때 깨달았습니다.

그래서 졸업한 다음에는 취직하지 않고(취직하고 싶어도 고용해줄 회사가 없을 것도 같았고) 대학원에 진학해 연구자가 되고 싶다는 무모한 생각이 싹텄습니다.

몇 년 전 이사할 때 이때 쓴 졸업논문이 나왔기에 읽어보았습니다.

내 입으로 이런 말은 좀 쑥스럽지만, 참 성실하게 제대로 쓴 괜찮은 논문이었습니다.

40년 전에 쓴 논문이지만 그때 다룬 주제는 현재도 내 연구 주제와 거의 다를 바 없습니다.

주제는 '신체론'입니다.

내 생각을 있는 그대로 알기 쉽게 써나가다가 막히는 곳이 있으면

막히는 과정도 그대로 썼습니다. 대강 얼버무리거나 아는 척하지 않았습니다.

젊었던 내가 집필한 글이지만 '꽤 괜찮은 방식으로 썼구나' 하고 느껴졌습니다.

그 무렵부터도 교수에게 좋은 점수를 받는 일에는 관심이 없었습니다. 그보다는 자기 자신이 제기한 문제의식에 스스로 수긍할 수 있는 답을 얻기 위해 글을 썼습니다. 따라서 모르는 대목을 '아는 척한다든지' 어려운 대목은 건너뛰고 아는 곳만 이어붙이는 등 '옹졸한' 짓은 하지 않았습니다.

학술논문이란 비슷한 주제를 연구하는 사람이 나중에 읽을 때 논의의 실마리를 제공하는 '지도'와 같습니다. '여기에는 골짜기가 있어', '이 길은 막다른 길이야', '이 길로 가면 지붕이 나올 거야' 하고 제대로 써놓지 않으면 지도 역할을 해낼 수 없습니다. 설령 실패하더라도 '이런 가설을 세워 논증하려고 하면 실패한다'고 똑바로 밝혀둔다면 나중 사람이 수고를 덜 것입니다.

알기 쉽게 논리적으로 기술하는 일, 논거로 삼을 수 있는 출전의 서지 사항을 정확하게 밝히는 일, 어려운 곳에는 '이곳은 난해함'이라고 줄을 그어놓는 일 등은 모두 '나중 사람을 위한' 작업입니다.

'나중에 같은 주제를 논하는 사람을 위해 집필하는 글'이라는 점에서 난생처음으로 써낸 학술논문을 통해 나는 비로소 '학술 연구란 개인이 아니라 집단이 영위하는 작업'임을 내 나름대로 이해했다고 볼 수 있습니다.

졸업논문 점수는 나쁘지 않았는데 프랑스어 실력이 좋지 못해 도쿄대학 대학원에 떨어졌습니다.

대학에 들어와 고마바 캠퍼스에서 지낸 3년 동안(1년은 휴학했습니다) 거의 강의를 듣지 않고 오로지 학생운동과 아르바이트, 그리고 친구들과 떠들썩하게 밤을 새워 놀았기 때문에 성적이 좋을 리 없습니다.

불문과에 진학하고 나서 겨우 책상에 앉아 프랑스어를 공부하기 시작했지만, 같은 학년 학생들에 비하면 2년이나 뒤떨어졌습니다. 초급 문법 내용조차 제대로 이해하지 못한 채 문학작품을 읽으려고 했으니까, 식은땀을 흘릴 수밖에 없습니다.

대학원의 시험 과목은 프랑스어 독해와 작문, 문법, 문학사입니다. 특히 문학사 문제는 실로 편집증적이었는데, 소설에 나오는 등장인물의 어느 대화를 턱 내놓고는 "이 말을 해석하라" 합니다. 문제에 나온 소설 내용을 외우고 있고, 그 소설의 문학사적 의의와 주제를 둘러싼 논쟁에 관한 지식이 없다면 한 줄도 쓸 수 없습니다.

하지만 세상사 다 그렇듯 호된 입시 문제에도 대처할 수 있도록 참고서가 나와 있습니다.

바로 귀스타브 랑송(Gustave Lanson, 1857~1934)의 『프랑스 문학사(Histoire de la littérature française)』(1894년)라는 1,300페이지 분량의 책입니다. 중세부터 현대까지 모든 작가의 대표적 작품을 총망라해 소개하고, 개별 작품의 줄거리, 읽어야 할 곳, 역사적 의의 등을 훌륭한 프랑스어로 기술해놓았습니다.

랑송 책을 읽고 있으면 원본 텍스트를 읽지 않아도 논의할 수 있다는 점에서 대학원 수험생이 울며 기뻐하는 참고서였습니다.

랑송은 명문장가이므로 랑송을 읽고 '중요한 문장'을 뽑아 노트에 베껴 암기하면 문학사 공부와 장문 독해 공부와 작문 공부를 동시에 할 수 있다는 것을 깨닫고 나서는, 자나 깨나 랑송을 읽고 써서 베끼고 암기하며 2년 동안 시험공부를 계속했습니다.

그런데도 기초 실력의 부족을 메우기 힘들었기에 1975년, 1976년, 1977년 대학원 입시에 3회 연속으로 낙방의 고배를 마시고 말았습니다.

그동안은 쉼 없이 아르바이트로 생활했습니다. 가정교사도 하고 번역도 해서 간신히 생활비를 벌고, 나머지 시간에는 오직 방에 틀어박혀 랑송을 공부한 2년이라는 시간!

옆에서 보면 괴로울 것 같겠지만, 본인은 매우 유쾌하게 지냈습니다.

세 번째 대학원 입시가 다가올 무렵, 와세다대학을 나와 불문과 대학원 입시에 계속 떨어지던 친구 지로 군과 시부야의 '라이온'에서 우연히 만났습니다. 그때 지로 군에게 "우치다는 도립대학 시험은 보지 않아?" 하는 질문을 받고 처음으로 도쿄도립대학(현재 수도대학 도쿄)의 대학원에도 불문과가 있다는 것을 알았습니다.

사립대학 입학금은 비싸서 감당할 수 없지만 국공립 대학의 학비라면 스스로 웬만큼 해결할 수 있었습니다. 그래서 1977년 봄에는 도쿄대학과 도쿄도립대학 두 군데에서 시험을 치렀습니다.

도쿄도립대학에 합격한 덕분에 졸업 후 2년 동안 재수 생활을 거친 1977년 4월에 정식으로 대학원생이 되었습니다.

대학에 들어간 지 7년째, 벌써 스물여섯이 되었을 때입니다.

고등학교 동기생들은 멀쩡한 회사원이 되어 비싼 양복을 입고 자가용을 몰고 다녔고, 성질 급한 놈은 대출받아 집을 사기도 했는데, 나는 아직 덥수룩한 머리에 구멍이 난 청바지를 입고 목욕탕 없는 세 평짜리 허름한 하숙에서 지냈던 것입니다.

칼럼

1966년 히비야고등학교[1]
갓짱

격주로 짧은 에세이를 연재하는 관계로 『AREA』를 매주 보내준다.

잠자리를 뒹굴며 이번 주 발간 호를 훑어보았더니 중간쯤 사진 도판에 '시리즈 21세기 대학'이라는 제휴 기사가 실렸는데, 마침 메이지대학을 다루었다.

어라, 이건…… 하고 몸을 반쯤 일으켜 페이지를 뚫어지게 들여보았더니 오구치 가쓰지(小口勝司) 이사장이 웃으며 나를 보고 있다.

'갓짱'은 히비야 고등학교 1학년 때 같은 반 친구였다.

나는 오타구의 변두리 시골풍 중학교에서 히비야고등학교에 진학한 터라 딱딱하게 긴장했고, 1학년 때부터 공부만 했다.

갓짱은 간다신사 경내에 사는 도쿄 토박이 출신으로 말쑥한 도시 소년이었다.

나는 어쩐지 가까이하기 어려워 1학기 동안 한 번도 이야기를 나눈 적이 없었다.

2학기에 들어와 나는 학생의회의 의원으로 선출되었고, 그 모임이 점심시간에 있는 바람에 몇 분 늦게 오후 수업을 들어갔다. 수업은 이미 시작한 터였다.

"학생의회 때문에 늦었습니다." 담당 교사인 고지마 선생님께 이렇게 말씀드렸더니 "알았다" 하고 너그럽게 끄덕이고는 자리에 앉도록 허락해주셨다. 하지만 아까 비어 있던 자리가 없었다(히비야고등학교는 대학과 마찬가지로 학생들이 수업마다 지정 교실로 이동해 수업을 들었다).

결국 딱 한 자리 비어 있는 제일 뒷좌석에 앉았다.

교과서와 공책을 꺼내 멀리 있는 교탁을 바라보고 있는데, 교실 뒷문이 열리고 나보다 더 지각한 '갓짱'이 들어왔다.

그는 맨 마지막 줄 비어 있는 자리를 찾더니 그대로 내 옆에 앉았다.

'딱 한 자리' 비어 있을 뿐인데도 그는 어떻게 내 옆자리에 앉을 수 있었을까? 그것은 그가 교실 뒤에 놓아둔 쓰레기통을 끌고 와 그 위에 당연한 듯 가방을 올리고 그 위에 앉았기 때문이다.

나는 깜짝 놀라 갓짱의 옆모습을 힐끔힐끔 쳐다보았다.

갓짱은 내 쪽으로 고개를 돌리더니 『AREA』에 실린 사진과 똑같이 웃는 얼굴로 미소를 짓더니, "우치다 군, 그렇게 공부 열심히 해서 뭘 하려고 해?" 하고 물었다.

수업 중에 갑자기 말을 걸어와서 가슴이 두근거렸지만, "수업 중이니까 나중에 얘기하자"고 우등생처럼 굴기는 싫었기 때문에 "그, 그건 말이야……" 하고 진지하게 생각에 빠져들고 말았다.

그때 생물 담당인 고지마 선생님이 "거기, 떠들지 마. 얘기하려면 나가서 해라" 하고 야단쳤다. 나는 왠지 풀이 죽었다.

고등학교에 들어와 처음으로 선생님께 야단맞았기 때문이다.

'우등생의 기록'이 여기에서 깨졌는가 싶어 낙심한 것이다.

나는 원망 섞인 듯 갓짱을 쳐다보았지만 그는 태평하게 생글생글 웃었다.

생물 시간이 끝나고 우리는 누가 먼저랄 것 없이 교정의 은행나무 아래까지 함께 걸었고 그곳에서 이야기를 나누었다. 그리고 어찌 된 일인지 다음 날 함께 아메요코(アメ横)주25)에 가기로 했다.

내가 중국제 '영웅'이라는 '파커(Parker)주26) 모조품' 같은 펜을 사고 싶다고 말했더니 그가 아메요코를 안내해주겠다고 한 것이다.

다음날 둘이서 아메요코에 갔다가 그 길로 오차노미즈에 있는 그의 집으로 가서는 그의 플루트 연주를 듣고 계속 이야기를 나누었다. 그러다가 어느덧 밤이 되었는데도 이야기가 끝나지 않아 저녁밥을 얻어먹고 그의 집에서 잠까지 얻어 자고 말았다.

도대체 무슨 이야기를 그렇게 늦게까지 하느냐고 갓짱의 어머니가 놀라서 물었지만, 도저히 멈출 수가 없었다.

그날부터 고등학교 2학년 여름까지 반년쯤 나는 거의 갓짱과 계속 이야기를 나누었다. 정치에 대해, 문학에 대해, 음악에 대해, 혁명에 대해, 연애에 대해, 고등학생이 다룰 법한 모든 화제 영역을 망라해 이야기를 계속했다.

내가 갓짱에게 받은 영향은 말로 다할 수 없다.

무엇보다 막 열여섯이 된 나는 마치 스펀지가 물을 빨아들이듯 미지의 세계에 대단히 개방적이었기 때문이다.

주25) 일본 도쿄도(東京都) 다이토구(台東區)에 있는 재래시장으로 관광 명소다. 제2차 세계대전 후에 형성된 암시장이 시장으로 발전했다고 한다. -역주

주26) 미국의 만년필 제조회사 제품의 상표명이고 회사 이름은 Parker Pen Company다. -역주

내가 갓짱에게 배운 가장 소중한 교훈은 '어린애' 그대로는 '어른'이 될 수 없다는 것이다.

나는 '어린애'라도 지식과 기능을 익히고 경험을 쌓으면 '어른'이 될 수 있다고 생각했다.

갓짱은 그렇지 않다고 말했다.

'어린애'와 '어른' 사이에는 뛰어넘을 수 없는 '격차'가 있다.

그 격차를 뛰어넘을 때 '어린애'가 그때까지 지니고 있던 가장 좋은 것이 벗겨져 나가고, 그것은 두 번 다시 되찾을 수 없다.

우리에게는 그 격차가 점점 다가오고 있다. 지금 이 시간은 '어린애로 있을 수 있는 최후의 시간'이다. 따라서 이 시간을 충분히 맛보아야 한다.

갓짱은 열여섯에 이미 자기가 가진 것 가운데 '끝이 있는 것'의 목록을 만들고 있었다.

나는 그의 논리를 잘 이해할 수 없었지만, 그때부터 반년간 다른 친구들(그들은 거의 다 갓짱의 친구들이었다)과 '끝이 있는 것'을 충분히 맛보는 프로젝트에 열중했다. 그 시간은 더할 나위 없이 즐거운 나날이었다.

그러던 어느 날 갓짱은 '이제 그만!'을 선언했다.

나는 그 의미를 알 수 없었다. '더 놀자'고 조르며 나는 투덜거렸다.

"끝이 있으니까 즐거운 거야" 하는 갓짱의 눈빛은 약간 슬픈 듯했다. "자, 어른이 되어야지."

나는 그 후에도 좀처럼 '어른'이 되지 못하고 고생스러운 길을 걸어가야 했다.

갓짱은 어엿한 '어른'이 되어 할아버지가 세운 쇼와(昭和)대학 의학부에 들어갔고, 졸업하고는 대학에 남아 연구자가 되어 이윽고 대학교수도 되고 이사장도 되었다.

따라서 58세의 나이 먹은 갓짱의 웃는 얼굴은 열일곱 때와 그다지 변하지 않았던 것이다.

(2008년 11월 13일)

제 2 장

임시변통 인생,
드디어 시작하다

우치다 집안 '무사도를 가벼이 여기지 말라'

내가 합기도 스승으로 모시는 다다 히로시(多田宏) 선생과 만난 시기는 대학을 졸업하고 '졸업 즉 무직' 상태로 하릴없이 지유가오카에서 어슬렁거리던 스물다섯 살 겨울이었습니다.

어릴 적부터 무도는 강렬한 동경의 대상이었습니다. 소학교 4학년부터 3년 동안 검도 도장에 다녔습니다. 심장에 병이 있어 체육시간에 달리기, 높이뛰기, 수영을 금지하라는 교내 의사의 지시도 있었는데, 어떻게 부모님을 속였는지 모르겠지만 근처 도장에 아침 훈련을 다닐 수 있었습니다.

무도를 좋아하는 내 취향에는 가풍의 영향이 있을지도 모릅니다.

우치다 집안은 야마가타현(山形縣) 쓰루오카(鶴岡)의 무사 가계(家系)에 속하는 가문입니다. 4대 전 우치다 류마쓰(內田柳松)라는 사람이 있었습니다. 무사시란잔(武藏嵐山)주1)의 농가 출신이었지만 막부(幕府)주2) 말기에 검객이 되려는 뜻을 세우고 에도(江戸)로 나와 치바 슈사쿠(千葉周作)주3)의 현무관(玄武館)에서 북진일도류(北辰一刀流)를 배웠습니다.

1863년 기요카와 하치로(清河八郎), 야마오카 텟슈(山岡鐵舟) 등이

주1) 사이타마현(埼玉縣) 히키군(比企郡) 란잔마치(嵐山町)에 있는 관광지, 계곡, 역 등의 이름. -역주

주2) 1192년에서 1868년까지 천황은 상징적인 존재가 되고 쇼군이 실질적인 통치권을 쥐고 있었던 정부를 가리킨다. -역주

주3) 1794~1856. 에도 시대 후기의 무사이자 검술인으로 북진일도류를 창시하고 도장 '현무관'을 열었다. -역주

양이(攘夷)를 위해 검객을 모은 로시구미(浪士組)[주4)]에 가담했습니다. 기요카와가 이끌고 교토로 올라간 무사 명부 중 1번 부대에 우치다 류마쓰(內田柳松)의 이름이 올라 있습니다.

덧붙여 로시구미는 6번 부대까지 있었고, 3번 부대에는 세리자와 가모(芹澤鴨), 곤도 이사미(近藤勇), 히지카타 도시조(土方歲三), 오키타 소시(沖田總司) 등의 이름이 보입니다. 교토에서 로시구미는 분열했고, 교토의 미부(壬生)에 남은 낭인들은 아이즈번(會津藩)에 의탁한 신센구미(新選組)가 되었고, 에도로 돌아온 부대원들은 쇼나이번(庄內藩)에 의탁한 신초구미(新徵組)가 되었습니다.

우치다 류마쓰(內田柳松)는 번주를 따라 쓰루오카로 이동해 그곳에서 보신(戊辰) 전쟁[주5)]에 참여했습니다. 그때 번사(藩士, 제후에 속한 무사)로 등용되어 선친 대까지 쓰루오카의 신초구미 대원들이 살던 쓰루오카 다이호지(大宝寺) 동네의 '신초구미 저택' 일각에서 살았습니다.

신센구미의 곤도 이사미나 히지카타 도시조도 그러했지만, 무사시의 농가 출신으로 무사의 신분을 얻은 검객들은 지나칠 만큼 '무사도' 윤리를 고집했습니다. 아마 우치다 류마쓰(內田柳松)도 그러했을 겁니다. 따라서 우치다 집안에는 '무사도를 가벼이 여기지 말라'는 가풍이 짙게 남아 있었습니다. 그 가풍이 우리 세대까지 내려온 것이겠지요. 어릴 적부터 '무사'를 강렬하게 동경했습니다.

주4) 1863년 에도막부의 장군 도쿠가와 이에모치(德川家茂)가 교토로 가는 일에 맞추어 장군의 경호를 위해 결성한 조직. -역주

주5) 1868년부터 1869년까지 왕정복고로 수립한 메이지 정부와 옛 막부 세력이 벌인 일본 최대의 내전으로, 메이지 정부의 승리로 근대적 개혁을 추진하면서 봉건 질서 해체와 근대적 국민국가 수립의 계기가 되었다. -역주

소학생부터 중학교 1학년 때까지 검도를 배우고 입시 전문학교 시절에는 가라테를 시작하고 대학에 들어가서도 가라테 동아리에 들어갔습니다. 1학년 가을 가라테 동아리에서 쫓겨났지만, 무슨 수를 내더라도 무도를 연습하고 싶었던 터라 여러 무도 도장을 찾아 다녔습니다.

하지만 어디에서도 배움을 청하고 싶은 무도가를 만나지 못했습니다. 몇몇 도장을 돌아다니며 몇 개월 다니다가는 그만두어버리는 일을 반복했습니다. 그러다가 스물다섯에 드디어 합기도 지유가오카 도장의 사범이었던 다다 히로시 선생을 만나 드디어 평생 스승으로 모실 분을 만날 수 있었습니다.

다다 히로시 선생은 실력으로 보나 식견의 깊이로 보나 일본 무도계의 대표자 중에서도 탁월한 무도가입니다. 내가 입문했을 때는 아직 40대이셨는데, 한창 왕성한 중년이던 다다 선생과 만나 지금까지 40년도 넘게 선생님의 헛기침 소리를 들을 수 있었습니다. 참으로 보물 같은 소중한 경험이 아닐 수 없습니다.

1975년 겨울, 대학은 졸업했지만 직장도 없이 아르바이트로 벌어먹으면서 하루하루 살아가고 있었습니다.

대학교 3학년 때부터 지유가오카에 작은 방을 빌려 지냈습니다. 어릴 적부터 친숙하고 마음이 편한 동네였지요.

어느 날 저녁 지유가오카역 남쪽 출구 쪽 길가에 있는 재즈 다방에 맥주를 마시러 가는 도중에 평소처럼 몸집이 작은 백발노인이 아이들에게 유도를 가르치는 낡은 도장 앞을 지나갔습니다. 그런데 그날은 아이들이 아니라 유도복을 입고 하카마[주6)]를 걸친 어른들이 던지기 훈련을 하는 듯했습니다.

뭘 하는지 궁금한 나머지 입구에 쭈그리고 앉아 커튼 사이로 엿보았습니다.

그랬더니 내 행동거지를 눈치챈 허여멀쑥한 청년이 현관문을 열어주면서, "견학하고 싶으면 안으로 들어오세요" 하고 불러들였습니다(나중에 알고 보니 사사모토 다케시[笹本猛]라는 사람이었습니다. 이 사람이 아니었다면 합기도를 시작하지 않았을 테지요. 그렇게 생각하면 내 운명의 전환점을 마련해준 인물입니다).

안으로 들어가 현관 안쪽에 앉아 연습하는 장면을 바라보았습니다. 안내해준 청년이 옆에 앉아 '입문 안내' 종이를 건네주었습니다.

"지금 뭘 하고 있는지요?" 하고 물었더니 합기도라고 대답하고는 합기도가 무엇인지 간략하게 설명해주었습니다.

구두로 몇 분 동안 설명을 듣는다고 합기도가 무엇인지 알 턱이 있겠습니까마는, 그 청년이 정중한 말투로 응대해주는 것이 기쁜 나머지 그 자리에서 "입문하겠습니다. 내일부터 올게요" 하고 말했습니다.

그때까지 견학하러 간 무도의 도장들은 아무리 입문하겠다는 의사를 밝혀도 어지간히 무시하는 듯 대접하기 일쑤였기 때문입니다. 존댓말로 예의 바르게 대해준 경험은 지유가오카 도장이 처음이었

주6) 일본 옷의 겉에 입는 주름 잡힌 바지. -역주

습니다.

평생의 스승과 만나다

다다 선생님과 만난 것은 입문한 지 2주일쯤 지났을 때입니다. 예전에 몇 번이나 쓴 적이 있습니다만, 합기도 입문이 12월 초였던지라 연습을 겨우 몇 번 나갔을 뿐인데 연말 모임이 있었습니다.

"우치다 씨도 올 겁니까?" 하는 (아마도 예의상) 질문을 받고 그 자리에서 "예!" 대답하고는, 당시 다마가와엔(多摩川園) 앞에 있는 쇼라이소(松籟莊)라는 고급 음식점을 겸한 여관에서 열리는 모임에 나갔습니다.

그때 다다 선생과 처음으로 대화를 나눌 기회가 있었습니다.

당시 46세였던 다다 선생은 골격이 다부졌습니다. 광대뼈가 솟아 있고 눈빛이 날카로워 가까이 다가가기 어려운 분위기가 감돌았습니다.

그 때문인지 다다 선생 주위에는 아무도 없었습니다. 선생은 아무 말 없이 혼자 주위를 둘러보았습니다.

이때다 싶어 선생 곁에 다가가 엉덩이를 들이밀고는 "이번에 입문한 우치다입니다" 하고 인사한 다음 선생의 잔에 맥주를 따랐습니다.

그러자 선생은 내 얼굴을 가만히 들여다보더니 "우치다 군은 왜 합기도를 시작하려고 했는가?" 하고 물었습니다.

"싸움을 잘하고 싶어서요." 나는 이렇게 대답했습니다.

어리석은 대답이었다고 생각합니다.

반쯤은 진심이었지요. 1970년대 초 대학 캠퍼스에서는 만나자마자 갑자기 주먹질을 시작하는 일도 꽤 벌어지는 야생의 밀림이었기 때문입니다. 무도를 즐기는 일은 활동가에게도 실천적으로 유용했습니다.

그렇지만 반쯤은 선생을 도발하려는 마음도 있었다고 생각합니다. 이런 식으로 대답하면 선생은 어떤 식으로 나올까? 그 반응에 따라 스승으로 모실 만한 인물인지 아닌지 알아보자는 건방진 마음도 필시 있었을 것입니다.

스물다섯 살 때를 돌이켜보면 절로 하늘을 쳐다보며 한숨이 나올 지경입니다. 참으로 범죄자 저리 가라 할 '태도 불량'의 젊은이였으니까요.

머리 나쁜 이 젊은이 대답에 다다 선생은 파안대소로 응해주셨습니다.

"그렇군! 그런 동기로 시작해도 나쁘지 않지."

다다 선생은 이렇게 말씀해주셨습니다.

예상치 못한 뜻밖의 대답이었지요.

아무리 생각해도 '싸움을 잘하기 위해 무도를 시작하겠다'고 말하는 입문자에게는 호통을 쳐야 마땅하기 때문입니다.

"이 멍청한 놈! 무도는 싸움의 도구가 아니야!" 또는 "그런 잘못된 동기로 무도를 수행하겠다고? 그건 허락할 수 없어!" 나는 이런 대답이 나오지 않을까 내심 기대했을 것입니다.

어쩌면 무의식적으로 그런 호통을 바랐는지도 모릅니다.

그때까지 계속 무도를 수행하고 싶고 스승을 모시고 싶다고 바란 까닭은 나 같은 '변변치 않은 인간'이 이대로 싸움질이나 하며 살아간다면, 언젠가 반드시 되돌릴 수 없을 만큼 심각한 지경에 빠질 것 같은 기분이 들었기 때문입니다.

내가 심하게 다치든지, 누군가를 심하게 다치게 하든지 말입니다. 그렇게 되기 전에 성격을 고쳐야 한다는 '초조함'이 있었습니다. 그래서 다다 선생에게도 덤벼들었던 것입니다.

그런데 다다 선생은 질타하기는커녕 인자하게 웃으며 "그런 동기로 시작해도 나쁘지 않지" 하고 말씀하셨습니다.

어린애 같은 유치한 도발을 가볍게 받아넘긴 것입니다. 동시에 나는 선생의 표정과 말에서 이루 말할 수 없이 따뜻한 느낌을 받았습니다.

어떤 동기로 입문한다 해도 상관없다는 말은 이런 뜻이었을 겁니다. ―네가 이제부터 나를 따라 배우는 것이 무엇인지 오늘의 너는 이해할 수 없어. 왜냐하면 그것을 표현할 언어조차 네게는 없으니까. 하지만 나에게 가르침을 받는 동안 너는 오늘의 네가 알지 못하는 세계로 발을 들여놓을 거야. 오늘의 너는 존재하는 것조차 모르는 기술을 체득하고, 오늘 같은 어리석은 말을 결코 입에 담지 않는 인간으로 성장할 거야.

"그런 동기로 시작해도 나쁘지 않지" 하는 한마디에 다다 선생이 그렇게 풍부한 메시지를 담았다는 것은 나중에야 깨달았습니다.

여하튼 나는 그 한마디에 감동한 나머지 '이 선생을 평생 스승으로 모셔야겠다'고 결심했습니다. 이때가 1975년 12월 말이었습니다.

제자 시스템의 어두운 측면

대다수 스승은 무의식적으로 '제자가 자기보다 열등한' 상황을 만들어내려고 합니다.

상황을 그렇게 설정해야 교육에 효과적이기 때문입니다.

'절대로 뛰어넘을 수 없을 만큼 탁월한 스승님을 모시고 있다'고 믿는 편이 제자의 기술 향상에는 효율적입니다.

경험으로 보더라도 이는 확실합니다. 스승에게 이렇게 하라고 명령받은 일은 아무 생각도 하지 않고 우직하게 연습하는 제자가 "선생은 이렇게 하라고 말씀하셨지만 내가 보기엔 별로 의미가 없는 것 같아" 하는 약아빠진 제자보다 실력이 더 늡니다.

반드시 늡니다. 당연합니다.

무도만 그런 것이 아닙니다. 예능의 세계나 학문의 세계도 마찬가지입니다.

다만 이 시스템에는 '어두운 측면'이 있습니다.

말하자면 언제나 제자가 '스승을 뛰어넘을 수 없다'고 계속 여기도록 만들기 위해 제자의 실력이 향상하지 못하도록 스승이 제자의 성장을 무의식적으로 가로막을 위험이 있다는 점입니다.

유감스럽게도 그런 선생은 심심치 않게 등장합니다.

선생 자신은 '그런 작용'을 가하고 있다는 사실을 깨닫지 못합니다.

하지만 제자가 자신보다 우수해지지 않도록, 어느 단계 위로 더 올라가지 못하도록, 제자의 의욕을 꺾거나 자신감을 떨어뜨리는 일을 무의식적으로 자행합니다.

선생 자신은 그렇게 하고 있다는 것을 자각하지 못합니다. 물론 제자도 알아채지 못합니다.

그도 그럴 것이 선생이 '제자의 실력을 늘리기 위해 하는 말'과 '제자를 짓누르기(까지는 아니더라도 '제자리걸음을 시키기') 위해 하는 말'이 표면적으로만 보면 아주 비슷하기 때문입니다. 바깥에서 보는 것만으로는 이 둘을 식별하기란 여간 어렵지 않습니다. 어제나 오늘 입문한 초심자에게는 똑같아 보일 것입니다.

어떤 분야든 마찬가지입니다. 학문의 세계도 그러합니다. 훈수 초단의 곁눈으로 힐끗 보더라도 어떤 선생이 '진심으로 제자를 키울 마음이 있는지 아닌지' 알 수 있습니다. 하지만 제자는 알지 못합니다.

다다 선생은 처음 만났을 때부터 제자를 '키워주는 선생님'이라는 것을 한눈에 알았습니다.

다다 선생은 도장에서 다쿠앙 선사(澤庵禪師)[주7]의 『태아기(太阿記)』 서두에 나오는 말을 종종 인용하셨습니다.

주7) 다쿠앙 소호(澤庵 宗彭, 1573?~1646)는 전국시대 말기에서 에도 시대 초기 린자이지(臨濟宗)의 승려로서 요리연구가로 유명하다. 단무지의 일본어 다쿠앙은 그의 이름에서 유래했다. -역자

"생각건대 병법자는 승패를 다투지 말고, 강약에 얽매이지 말고, 한 걸음 내딛지 말고, 한 걸음 물러서지 말고, 적(敵)은 아(我)를 보지 않고, 아는 적을 보지 않는다. 천지가 아직 갈라지지 않고 음양이 미치지 못한 곳을 뚫고 나가 곧장 공을 세워야 한다."

무도가는 승패를 다투고 강약을 겨루기 위해 수행하는 것이 아닙니다. 상대적인 우열을 가리는 경지를 떠나 자신이 보유한 살아가는 지혜와 힘을 최고로 키우고, '있어야 할 때 있고, 있어야 할 곳에 있고, 이루어야 할 일을 이루는' 인간이 되는 것이 곧 수행의 목적이라고 다다 선생은 가르쳐주셨습니다.

그러므로 도장에서 합기도를 훈련하는 까닭은 누가 강한지, 누가 기술이 뛰어난지 겨루기 위해서가 아니라 잠재능력을 최고로 키우는 방법을 체득하기 위해서입니다.

"도장은 무대 뒤 대기실이야. 도장에서 한 걸음 밖으로 나간 곳이 곧 정식 무대인 거야." 다다 선생은 종종 이렇게 말씀하십니다.

도장에서는 실패를 두려워하지 말고 모든 가설을 시도해볼 수 있습니다. 도장 안에서는 '잠깐 기다려'도, '지금 한 동작, 다시 해볼게'도 허용됩니다. 하지만 도장 밖으로 한 발 내디디면 그런 일이 허용되지 않습니다. 일도 그렇고, 인간관계도 그렇고, 한번 입 밖으로 나간 말이나 한번 해버린 일도 돌이킬 수 없습니다.

도장 밖에는 자신의 '현실' 생활이 있습니다. 그곳이 우리에게는 진검승부를 펼치는 곳입니다. 그곳에서 올바르게 행동하기 위한 마음과 신체의 사용법을 도장에서 익히는 것입니다. 살아가는 지혜와 힘을 어떻게 하면 최고로 낼까, 이 문제를 스스로 생각하는 '실험실'이 도장입니다.

실험실 안에서는 어떤 가설을 세우든, 어떤 실험을 해도 좋습니다. 여기에서 얻은 앎을 '실험실 밖 현실'에 적용하는 것입니다.

라틴어로 in vitro / in vivo라는 쌍을 이루는 말이 있습니다.

in vivo는 '유리창 안, 시험관 안', 즉 조건을 완전히 제어한 실험실 안을 가리킵니다.

in vitro는 '살아 있는 몸 안', 즉 현실 세계를 가리킵니다.

다다 선생의 말씀에 따르면 도장은 in vivo이고, 도장 밖은 in vitro입니다.

현실을 살아가기 위해 도장의 훈련이 있습니다.

따라서 도장에서는 정색하고 훈련에 임하지만, 현실에서는 사회성이 없거나 능력과 자질을 꽃피우지 못한 사람은 수행의 본뜻에 어긋난 행동을 합니다.

"한 사람 한 사람에게는 다른 합기도가 있다. 학자는 학자의 합기도를, 음악가는 음악가의 합기도를, 기술자는 기술자의 합기도를, 한 사람 한 사람이 자신의 합기도를 훈련하면 된다." 이것이 다다 선생의 가르침입니다.

선생의 문하에는 도쿄대학의 기련회(氣錬會), 와세다대학의 합기도회가 있습니다만, 다다 선생을 모시고 수행한 학생들 중에는 자연과학 연구자가 된 사람이 적지 않습니다.

이것을 보면 그들이 '연구자의 합기도' 훈련을 통해 본업 분야에서 자신의 성과를 나타냈다는 것을 알 수 있습니다.

훈련으로 뼈와 근육이 튼튼해지고 심폐 능력이 올라가고 길거리 싸움에도 지지 않는다는 성과는 실로 부차적인 데 지나지 않고, 진실로 체득하는 것은 각자의 전문 영역에서 발휘하는 지혜와 힘의 사용법이라는 말입니다.

내 얘기를 하자니 잘난 척하는 것 같아 송구하지만, 내가 이제껏 이만큼 넘치게 책을 읽고 써낼 수 있었던 것은 내 나름대로 '학자의 합기도'가 어떤 것인지 탐구하고 학자의 지혜와 힘의 사용법을 체득한 성과라고 생각합니다.

기회를 보는 힘, 자리를 보는 힘

'있어야 할 때 있고, 있어야 할 곳에 있고, 이루어야 할 일을 이룬다'는 것이 무도가 지향하는 바입니다.

하지만 그것은 스스로 '있어야 할 때'가 언제인지, '있어야 할 곳'이 어디인지, '이루어야 할 일'이 무엇인지 두리번거리는 것이 아닙니다.

이 점이 어렵습니다.

그것은 스스로 선택하는 것이 아니기 때문입니다.

흐름에 몸을 맡기고 인연을 더듬어 살아가다가 문득 정신을 차리고 보니, '있어야 할 곳'에 있고, 적절한 기회에 실수하지 않고 '이루어야 할 일'을 이루어내고 있습니다.

이것을 사후에 깨닫습니다.

무도를 철저하게 수행하면 이와 같은 순리(順理)와 역리(逆理)의 전도가 일어납니다.

굳이 찾아 나서지 않아도 필요한 것이 눈앞에 있습니다.

비유하자면 길을 가다 큰 강이 나와 어떻게 하면 건널 수 있을까 생각하고 있는데, 나룻배가 지나가면서 사공이 "이 배에 타지 않겠어?" 하고 말을 걸어줍니다. 그리고 강을 건네주더니 스르르 배는 어디론가 가버립니다.

이런 일이 인생의 길목마다 연속해서 일어납니다. 이것이 이른바 '무운(武運)'입니다. 무운의 은덕을 입기 위해 무도를 수행하는 것이라고 다다 선생은 가르쳤습니다.

사실 다다 선생은 이탈리아에서 50년 이상 합기도를 가르치고 있는데, 1964년에 처음으로 이탈리아에 갔을 때는 연고도 아무것도 없었습니다. 물론 돈도 없었고요.

그렇지만 2차대전 이전 우에시바(植芝)주8) 도장과 인연이 있는 이탈리아 사람이 중개하여 제자를 모으고 훈련 도장을 빌렸으며, 이후 차츰 제자들이 새로운 훈련 도장을 개척해주었습니다. 강습회를 위한 커다란 회장을 찾고 있었더니 제자가 찾아주었습니다. 법인 자격을 취득하고 싶다고 생각했더니 전문가와 알게 되었습니다. 가장 극적인 장면은 다다 선생이 겟소지(月窓寺) 도장을 건립하는 데

주8) 일본의 무도가로서 합기도를 창시한 우에시바 모리헤이(植芝盛平, 1883~1969)를 말한다. -역주

이르는 경위일 것입니다. 다다 선생은 우연히 이웃에 사는 젊은 승려와 친하게 지냈는데, 그 승려가 기치조지(吉祥寺)의 겟소지라는 이름난 절의 주지승이 되었습니다. 그는 절 경내에 사용하지 않는 건물이 있는데 도장으로 사용하면 어떻겠느냐고 다다 선생에게 제안했다고 합니다. '좁쌀 한 톨로 장가든 총각' 같은 이야기가 아닐 수 없습니다. '만나야 할 사람을 만나야 할 때 만나고, 지원이 필요할 때 바로 필요한 지원을 받는다'는 것은 다다 선생에게 기적이 아니라 당연한 경험이었습니다.

이를 두고 '열렬히 바라는 일은 이루어진다'는 식으로 말할 수도 있고, '자기 뜻을 실현할 수 있는 환경이나 인간관계'에는 직감에 이끌려 다가가기 마련이라고 말할 수도 있습니다.

아까 비유한 나룻배를 다시 빌려온다면, 그러한 상황은 '강을 건너고 싶다고 생각하면 바로 그때 나룻배가 온다'고 말할 수 있습니다. 또는, '나룻배가 다가온 곳에 넋 놓고 서 있었더니 사공이 타지 않겠느냐고 말해주었고, 그 말을 듣고 아, 그러면 강을 건널 수 있을 것 같다고 생각했다'는 순서로 일이 일어났을 가능성도 있습니다.

내 생각에는 어쩐지 무운(武運)이란 후자가 아닐까 싶습니다.

어떤 때, 어떤 곳에서도 우리 한 사람 한 사람에게는 자기가 할 수 있는 일, 자기밖에 할 수 없는 일이 있습니다. 무엇보다 그 자리에 있는 누구도 할 수 없는 일을 자기만큼은 할 수 있는 일이 있습니다.

보통은 그것이 무엇인지 알지 못합니다.

수행을 쌓으면 '지금 여기에는 나만 할 수 있는 일, 다른 사람 아닌 내게 가장 적절한 일이 있다'는 것을 알 수 있습니다.

그때 문득 그것이 '내가 예전부터 줄곧 하고 싶다고 바라던 일'처럼 여겨집니다.

이것이 무운의 핵심입니다.

'내가 지금 특별히 무리하지 않고도 할 수 있는 일'이 '그 일을 해야 할 운명을 타고난 것'으로 여겨진다면, 누구라도 당연히 그 일을 할 것입니다.

이런 일은 외부의 '부름'과 그에 대한 '응답'처럼 보일 것입니다.

"이 일을 할 수 있는 사람, 어디 없을까요?" 하는 부름이 있습니다. 주위를 둘러보니 누구도 손을 들지 않습니다. 자기가 그 일을 할 수 있는지 없는지는 모르겠지만, 왠지 모르게 '하면 할 수 있을 것 같다'는 느낌이 듭니다. 그래서 "저, 제가 해도 괜찮다면……" 하고 가만히 손을 들어봅니다.

우리가 '천직(天職)'과 만나는 계기는 대체로 이런 식이 아닐까 합니다.

다른 사람은 몰라도 나는 그랬습니다.

번역 아르바이트도 친구들이 부탁하기에 별생각 없이 "그래, 해볼게" 하고는 그 자리에서 일거리를 받아들이면서 시작했습니다. 이 일을 계기로 히라카와 가쓰미 군을 아르바이트 일에 끌어들였고, 급기야 히라카와 군이 독립해 번역 회사를 만들 때 "우치다 군, 회사 한번 만들어보지 않을래?" 하는 제안에 별생각 없이 "그래, 해볼게" 하고는 창업해 회사 경영자가 되었습니다.

에마뉘엘 레비나스(Emmanuel Levinas, 1906~1995)[주9)]의 번역도 그렇습니다. 어느 날 지도교수였던 아다치 가즈히로(足立和浩) 선생에게 번역을 의뢰하는 출판사의 전화가 걸려 왔는데, 선생은 바빠서 번역할 수 없다고 거절하려고 했습니다. 그런데 그때 마침 그 자리에 있던 나를 쳐다보더니 아다치 선생은 즉흥적으로 "그러면 석사논문으로 레비나스를 다룬 학생이 박사과정에 있는데, 그 사람이 번역하면 안 될까요?" 하고 말씀하시고는, "이다음은 네가 알아서 해라" 하고 수화기를 건네주셨습니다. 레비나스 번역은 이렇게 시작했습니다.

모두 인연이 닿아 이루어졌습니다. "저, 내가 해도 괜찮다면 할게요" 하는 그다지 주체적이지 않은 흐름을 타고 인생을 결정하는 사건이 일어났습니다.

"예, 해볼게요" 하고 말한 다음에야 '그러고 보니 이것이 내 천직인 것 같아' 하는 생각이 들었습니다.

따라서 외부에서 이런 모습을 보면 '열렬하게 바라던 일을 실현했다'고 보일 수도 있고, '있어야 할 때 있고, 있어야 할 곳에 있고, 이루어야 할 일을 이룬다'고 보일 수도 있습니다.

아마도 그렇지 않을까 하고 최근에 생각하기에 이르렀습니다.

주9) 리투아니아 출신의 프랑스 철학자로 후설의 현상학과 유대교의 전통을 바탕으로 타자의 절대성과 초월성을 강조하고 타자와의 관계로서의 정의를 주창하였다. 대표 저서로 『존재에서 존재자로』, 『전체성과 무한』, 『시간과 타자』 등이 있다. -역자

번역 회사에서 아르바이트를 하다

아르바이트는 학생 시절부터 실로 열심히 했습니다.

대학교 1학년 때 초등학생 대상의 중학교 입시 전문학교인 '일본 진학교실'에 강사로 채용되었습니다.

당시 대규모 중학교 입시 학교였던 일본진학교실은 수강 아동 3,000명에 강사 70명이 출제, 채점, 진로 상담 등에 종사했습니다.

강사로 일하는 학생 절반은 흩어진 활동가 나부랭이였습니다. 중핵파(中核派), 반기파(叛旗派), 정황파(情況派), ML 동맹, 가쿠마루파(革マル派),[주10] 제4 인터(第四インター)[주11]와 각 분파의 제군이었습니다.

처음에는 그야말로 뿔로 들이받거나 멱살을 잡고 격론을 벌이기도 했으나 함께 일을 하는 동안 마작을 하거나 선술집에서 술을 마시면서 머지않아 다들 친해지고 말았습니다.

학내에서는 왜 그렇게 서로 노려보고 못 잡아먹어 안달이었을까요.

대학 3학년까지 일본진학교실에서 아르바이트를 하고 3학년 때 번역회사의 번역자 겸 배달원이 되었습니다.

나를 불러준 사람은 파리에서 함께 지냈던 다케노부 에쓰오입니다. 번역회사에서 일하던 그는 3학년 가을에 돌연히 "우치다, 나는

주10) 정식 명칭은 '일본 혁명적 공산주의자 동맹 혁명적 마르크스주의파'다. -역주

주11) 정식 명칭은 '일본 혁명적 공산주의자 동맹 제4 인터내셔널 일본 지부'다. -역주

얼마 동안 팔레스타인으로 여행을 떠나볼까 해. 그러니까 내가 하던 일을 네가 좀 해줘" 하고 청했습니다. 자기가 빠져나간 자리를 메워달라는 그의 요청을 이번에도 별생각 없이 받아들였습니다.

배달원이란 고객인 상사나 회사가 내주는 번역 원고를 받아다가 번역자에게 전달해주고, 번역이 다 된 원고를 회수해서 타이피스트에게 갖다주고, 타이핑이 끝난 원고를 고객에게 전달해주는 사람을 말합니다.

일거리가 쌓일 때는 바쁘게 이동해야 하지만, 아무 일도 없을 때는 종일 아무 일도 안 합니다. 고객이 모여 있는 마루노우치(丸の內)나 도쿄역이 가까운 다방에 앉아 내내 책을 읽다가 퇴근할 때도 있었습니다.

번역 일도 상당한 양을 해냈습니다. 이 일은 따로 비용을 책정해 놓은 만큼 아르바이트 보수를 제대로 받을 수 있습니다.

아직 학생이니까 너무 어려운 글이나 중요한 문서는 맡겨주지 않지만, 당시는 종합상사가 선도해 계약을 따고 일본의 제조회사가 댐, 화력발전소, 철도 등의 생산설비나 공장을 해외로 수출하던 시대였기 때문에 관련 서류의 번역거리가 나올 때는 거의 '킬로그램 단위'로 나옵니다.

국제 입찰을 앞두었다든가 하면 단기간에 몇 상자 분량의 서류를 번역해야 합니다. 그러면 '고양이 손이라도 빌리고 싶은' 심정이 됩니다.

따라서 1970년대 중반부터 우후죽순처럼 번역 회사가 생겨난 결과, 1975년쯤에는 도쿄에만 번역 회사가 600개에 달했습니다.

내가 일하던 번역 회사도 어느 여성(다카라즈카 가극단[주12])에 있던 사람으로 번역과는 아무런 관계도 없는 사람이었습니다. 하지만 인맥만큼은 각계에 뻗어 있었지요)이 아는 영업사원에게 "앞으로는 번역 수요가 늘어날 겁니다" 하는 말을 듣고 창업했다고 합니다.

번역 회사라고는 해도 번역자를 고용하거나 하지는 않았습니다.

번역자들은 전원 프리랜서입니다. 타이피스트도 프리랜서입니다. 번역 회사라지만 실제로는 '수주하고 선별하고 번역자와 타이피스트에게 일을 나누어주고 회수해서 납품하는' 배송 업무를 담당했을 뿐입니다.

무직에서 겸직 생활로

번역 회사 일은 대학 졸업 후에도 얼마간 계속했습니다.

일거리가 늘어나는 업계였기 때문에 '고양이 손'이라도 좋다는 사장의 부탁으로 친구들을 끌어들여 아르바이트 요원으로 입사시켰습니다.

그 중 한 사람이 소학교 때부터 친구인 히라카와 가쓰미입니다.

주12) 1914년 효고현 다카라즈카시에 본거지를 두고 창단한 가극단으로 미혼 여성으로만 구성한다. 남녀노소가 다 즐길 수 있는 연극, 뮤지컬, 일본 순정만화 등을 공연하여 현재도 꾸준히 인기를 모으고 있다. -역주

그는 와세다대학의 이공학부에 적을 두었지만, 학생운동이 쇠퇴하는 시기부터 대학에 다니지 않았습니다. 그 대신 시부야에 있는 다방 '라이온'에 드나들며 기나긴 하루를 시집을 읽으며 보내는 비생산적인 삶을 살고 있었기 때문에 회사에 들어오라고 했더니 곧장 달려와 일하기 시작했습니다.

나는 아르바이트 학생을 세 사람 소개한 다음 회사를 그만두었습니다만, 내가 소개한 사람들은 그대로 남아 각자 졸업한 뒤에 정사원으로 채용되었습니다.

내가 회사를 그만둔 지 1년쯤 지났을 때 히라카와 군의 연락을 받았습니다.

"거기 그만두고 독립하려고 하는데 같이 하지 않겠어?"

나는 대학원 입시를 준비하던 참이라 다음 시험에도 떨어지면 슬슬 장래 진로를 다시 고려해봐야 한다고 생각 중이었지요.

하지만 우리처럼 특별한 기술도 없을뿐더러 갓 졸업한 청년도 아닌 '과격파 학생' 나부랭이를 채용해줄 기업이 있을 리 만무합니다. 그럴 바에야 '스스로 회사를 창립하는 것'은 콜럼버스의 달걀 같은 발상이라고 생각했습니다.

그래서 히라카와 군과 예전 번역 회사에 있던 두 사람(내가 끌어들인 사람들은 아닙니다), 이렇게 네 명이 시부야의 도겐자카(道玄坂)에 '어번 트랜스레이션'이라는 회사를 세웠습니다.

그때가 1976년 말이었습니다.

회사를 세운 지 얼마 안 되어 도쿄도립대학의 대학원 입시에 합격

하는 바람에 4월부터 회사와 대학원이라는 두 가지를 겸업하기에 이르렀습니다.

그때까지는 판판이 놀고먹던 무직자가 갑자기 분주해졌습니다.

무라카미 하루키의 『1973년의 핀볼(1973年のピンボール)』주13)이라는 소설에는 대학을 졸업하고 친구와 둘이 시부야에서 번역 회사를 경영하는 젊은이가 등장합니다.

히라카와 군은 지인에게 "이 소설 모델은 히라카와 군과 친구들이지?" 하는 말을 자주 들었다고 합니다.

그러고 보면 등장인물과 우리는 처지가 매우 비슷합니다.

그 시대에는 이십 대 젊은이들이 학생 시절 친구와 시부야에 설립한 번역 회사가 우리밖에 없었기 때문에 과연 어떻게 우리 일을 알았을까 의아한 생각이 들었습니다.

하지만 진정 재능 있는 작가(스티븐 킹 같은)는 수많은 독자들에게 '어떻게 우리 일을 알고 썼지?' 하는 의문을 품게 해준다고 하니까, 이 경우도 그런 현상이겠거니 싶습니다. 『1973년의 핀볼』의 주인공은 회사를 시작한 뒤 자기들이 실로 풍부한 광맥을 잘 찾아냈다는 사실을 깨닫습니다만, 우리도 마찬가지였습니다.

창업한 지 얼마 안 되었는데 일거리가 폭우 내리듯 쏟아졌고, 매달 매상이 갑절로 늘어났습니다. 재미가 쏠쏠할 만큼 돈을 벌어들였습니다.

주13) 한국어판은 문학사상사, 2007년 간행. -역주

빠르다, 싸다, 실수가 적다

어번 트랜스레이션은 확실히 우수한 회사였습니다.

이 말은 번역을 잘했다는 의미가 아닙니다. 당시 번역 회사는 도쿄에 600개나 있었는데, 실제로 번역하는 전문 번역가는 전부 프리랜서였고, 거의 같은 사람들이 '돌아가며 일하는' 상태였기에 번역의 질은 별반 차이가 없습니다.

차이라면 일거리를 받아 납품하는 '창구', 즉 번역 회사뿐입니다.

바꾸어 말하면 알맹이는 전부 같은 경단이지만 파는 떡집이 다르다는 뜻입니다.

그렇다면 경단의 맛이 아니라 '이 떡집이 더 싸다', '납품이 빠르다', '포장지가 예쁘다' 등 실로 사소한 차이로 경쟁에서 상대적 우위를 점하는 것입니다.

어번 트랜스레이션은 중간 착취를 최소한으로 억제했습니다. 학생 아르바이트를 연장하는 기분으로 회사를 경영했기 때문에 우리 월급도 낮게 책정했고, 월세도 놀랄 만큼 싼 곳을 빌렸기 때문에 경비가 별로 들지 않았습니다.

무엇보다 작업 속도가 빨랐습니다. 고객이 전화를 걸어오면 금방 오토바이를 타고 원고를 가지러 갔고, 그 길로 번역자에게 달려가 급한 일은 그날로 납품했습니다.

우리의 장점은 모두 오토바이를 타고 움직인다는 것이었습니다. 도쿄 시내는 자동차나 지하철보다 오토바이가 가장 빠릅니다. 어디에나 세워놓을 수 있고, 일방통행 도로나 인도도 요령만 좋으면 지나갈 수 있습니다.

그 후 히라카와 군과 나는 영업을 담당하고 배달원인 동시에 경영자 노릇을 했기 때문에 그 자리에서 당장 가격이나 납기를 교섭할 수 있었습니다. 일일이 '위에 보고하고 승인을 받을' 필요가 없습니다. 그야말로 즉시 판단, 즉시 결정입니다.

게다가 나는 기업 내 번역자이기도 하므로 짧은 글은 그 자리에서 번역해 그 자리에서 납품하는 재주 부리기가 가능했습니다.

그 덕분에 '어번 트랜스레이션은 일하는 솜씨가 빠르다'는 평가를 얻었습니다.

중간 착취가 적고 보수를 지체하지 않고 얼른 지불해주니까 번역자, 통역자, 타이피스트 들에게 호평을 받았습니다.

우리 스스로 회사를 세우고 일을 시작해보았는데 웬일인지 순조롭게 잘 굴러갔습니다.

히라카와 군과 나는 얼마 전까지만 해도 '일본제국주의 타도'라는 슬로건을 외쳤는데, '어라, 자본주의도 쓸 만한 시스템이잖아' 하는 생각이 들었습니다.

아주 일반적으로 관계자들 전원이 될수록 득을 볼 수 있는 틀을 만들어놓으면 어김없이 돈을 벌어들일 수 있습니다.

아까도 말했듯 파는 상품은 거의 비슷한데 점포의 특징이 다를 뿐이라는 지극히 단순한 게임입니다. 사소한 발상의 차이가 매상에 금세 반영되는 구조였던 것입니다.

따라서 규모의 확장으로 얻는 이익이나 '전통의 위력'이나 발주 담당자의 뇌물 같은 것, 말하자면 현실의 회사 경영에서는 작업의 질과 무관하게 매상에 관여하는 요소가 작용하겠지만 우리 회사에서는 그러한 여지가 없었던 것입니다.

무엇보다 회사가 젊었습니다. 사장도 나도 창업 당시 스물여섯이었습니다. 동종 업계에서 사원의 평균 연령이 제일 젊은 회사였을 것입니다.

재미 삼아 '회사 놀이'를 시작했을 뿐인데 성공해버리니까 웃음소리가 끊이지 않고 신명이 났습니다.

'신명 나는 명랑한 회사'였기 때문에 다양한 사람이 찾아와 새로운 일거리를 건네주었습니다.

"제판용(製版用) 정서(淨書) 작업을 해보지 않을래?", "인쇄도 해보지 않을래?", "리플렛 편집 작업을 해보지 않을래?", "책을 내보지 않을래?" 등등 알지 못하는 일거리도 가지고 옵니다.

이런 일을 자주 가져온 인물은 우리가 하청을 받아 출입하던 회사의 영업사원들이었습니다.

그들은 아침에 "영업하고 올게요" 하고 회사를 나와 우선 어번 트랜스레이션에 옵니다. 그다음 커피를 마시며 담소를 나누고, 만화나 오토바이 잡지를 읽으면서 빈둥거립니다.

마음이 편하니까 그러고 있었겠지만, 실제로 '어번 트랜스레이션에 일하러 와 있다'는 관계를 만들면 그런 생활 태도를 가장 그럴듯하게 합리화할 수 있습니다.

그러다 보니 "저기, 어번 트랜스레이션에서 이거 해보지 않을래? 너희들이라면 할 수 있어" 하고 일거리를 가져오기 시작했습니다.

그 무렵 일본에서 처음으로 팔기 시작한 미제 컴퓨터의 광고 팸플릿을 번역하는 일거리가 있었습니다.

상품 설명서인 영문 팸플릿에는 캘리포니아 청년 두 명이 창고에 틀어박혀 땜질 인두를 사용해 세계 최초로 '퍼스널 컴퓨터'를 만들어냈다는 이야기가 쓰여 있었습니다.

나는 그 설명서를 번역하면서 속으로 이렇게 생각했습니다. '이거 솔깃한 이야기로군. 나랑 나이 차도 별로 안 나는데 전자계산기의 새로운 컨셉을 창조했구나. 장하다! 열심히 해봐라.'

그것은 바로 Apple의 Macintosh 팸플릿이었습니다. 그때는 스티브 잡스(Steve Jobs)와 스티브 워즈니악(Steve Wozniak)이 설마 전설적 인물이 되리라고는 미처 상상하지 못했습니다.

번역에 한계를 느끼다

1970년대는 컴퓨터가 진화하는 시대였기에 어번 트랜스레이션도 여러 가지 신기한 문물을 들여놓았습니다.

워드프로세서도 나오자마자 구입했습니다. 왕(Wang Laboratories)이라는 미국 회사의 제품으로 600만 엔짜리였습니다.

덩치는 큼직한데 화면이 작아 한 번에 세 줄밖에 보여주지 않습니다. 키보드로 글자를 입력하면 검은 화면에 녹색 빛을 내는 글자가 나오는 기계입니다.

그때까지는 IBM의 전동 타자기를 사용했습니다. 타이피스트가 초고를 입력한 다음 오자가 있으면 잘못된 곳에만 수정 테이프를 붙이고, 그 위에 글자를 다시 썼습니다. 본 적이 없는 사람이라면 말로 설명해준다고 이해할 것 같지 않지만, 여하튼 그때는 그런 방법으로 오자를 수정했습니다.

납품하는 곳에서 어구를 수정하기라도 하면 한 글자를 고치기 위해 그 길로 오토바이를 타고 타이피스트한테 달려갔다가 와야 합니다. 수정 하나도 이렇게 품이 들어가는 일이었지요. 하지만 워드프로세서를 사용하면 화면 위에서 곧바로 오자나 어구를 수정할 수 있습니다.

"이제 화면에 나오는 글자를 고치면 끝나는 거야. 수정액을 바르거나 수정 테이프를 붙일 필요가 없어졌어. 세상 참 좋아졌고말고."

다들 흥분해서 이런 대화를 나눈 기억이 납니다.

1970년대 중반부터 엄청난 기세로 사무실의 자동화가 이루어졌습니다.

지금도 잊을 수 없는 사건이 있는데, 그 사건을 계기로 나는 기술 번역에서 완전히 손을 떼고 말았습니다.

어느 날 전기 기계 회사에서 영어 매뉴얼 번역을 의뢰했습니다.

그때까지 일을 맡긴 적 없는 번역자였지만 '전기 계통 번역에 뛰어나다'는 평가를 받는 사람이어서 일을 맡겼고, 그가 번역을 마친 원고를 받아다가 납품했습니다.

얼마쯤 시간이 지나고 고객이 화가 머리끝까지 나서 전화를 걸었습니다.

"이거 번역이 왜 이래! 무슨 말인지 하나도 모르겠잖아!"

어쩔 줄 몰라 다급하게 번역 원고를 회수해서 회사 내부에서 검토해보았습니다. 과연 고객이 화를 낼 만한 번역이었습니다. 무슨 소린지 하나도 이해할 수 없었습니다.

"음, 저 말이야, 여기 몇 번이나 나오는 '빙글빙글 돌아가는 원반'이 뭐지?"

아무래도 그 말이 핵심어인 듯한데 무슨 뜻인지 도통 알 수 없습니다. 원문을 찾아보니 floppy disk라고 되어 있습니다.

"히라카와, 플로피 디스크가 도대체 뭐냐?"

"글쎄, 모르겠어. 들어본 적이 없는걸."

주위에 아무도 아는 사람이 없습니다.

나도 그때까지 적잖이 기술 번역을 해왔습니다. 문과 계열의 인간이라도 뉴턴의 물리학 정도라면 대충 알 수 있는 법인데 말입니다.

하지만 '빙글빙글 돌아가는 원반'의 출현으로 고등학교 때 배운 물리 지식으로는 기술 번역이 가능한 시대는 막을 내렸다는 것을 깨달았습니다. 1970년대가 저물 무렵에 경험한 일입니다.

연구자 생활의 실정

조교가 되었지만 직업이 없다

어느 정도 번역 회사와 대학원이라는 겸직 생활을 지속했지만 1982년 4월 도쿄도립대학의 조교로 채용되었기에 어번 트랜스레이션을 그만두기로 했습니다.

그때 나는 박사과정 2년 차가 끝날 무렵이었는데, 아직 재학 중이었지만 조교 자리가 비었으니 조교가 되지 않겠느냐는 제안을 받았던 것입니다.

일반적으로는 3년간 박사과정을 수료하고 학점을 다 채우면 만기퇴학을 하고, 그때부터 취직자리를 찾아 나서는 순서를 거쳐야 했지만, 운 좋게도 나는 재학 중에 정규직을 얻을 수 있었습니다.

그러나 조교가 되었다고 해서 계속 그 대학에 있을 수 있는 것이 아닙니다. 전임교원으로 취직할 때까지 과도기적으로 있을 수 있는 자리입니다.

“언제라고 기한을 정할 수는 없지만 될수록 빨리 대학에 전임 자리를 찾아 나가야 한다. 그때까지 연구에 전념해 업적을 쌓아야 한다.” 이것이 조교 자리의 조건이었습니다.

도쿄도립대학에서는 조교가 강의를 담당하지 않기 때문에 일다운 일은 없었고, 결국 연구성과를 내는 것이 본업이었습니다.

여하튼 연구에만 열중하면 되는 신분인 만큼 감사한 일입니다. 도쿄도에 속한 공무원으로 채용된 셈인데도 직책의 성격이 그러했습니다. 나이 서른을 넘긴 데다 이미 결혼한 몸으로 부양가족을 거느리는 상황에 그런대로 만족스러운 월급을 받았습니다. 출근은 일주일에 단 이틀뿐이고 나머지는 쉬는 날입니다. 출근하더라도 해야 할 일이라곤 전화를 받거나 커피를 타거나 차를 내는 정도입니다.

그런데 이 파격적인 대우가 '덫'이기도 했습니다.

게으르게 살자고 마음먹으면 얼마든지 게으름을 부릴 수 있습니다.

조교의 신분에 그만 안주하고 마니까요. 딱히 기한이 있는 것도 아니니까 연구에 매진하지 않은 채 빈둥거리고 있으면, 어느새 조교 신분으로 정년까지 눌러앉는 사람도 나옵니다.

전임교수나 조교수 중에도 자기 지위에 안주한 나머지 교육에 열성을 다하지 않는 사람을 가끔 볼 수 있습니다.

대학에 성과주의나 평가 활동을 도입하기 훨씬 이전이었으니까 일하지 않는 교사는 일을 전혀 하지 않습니다.

"노동자로서 일하지 않고 월급을 받는 것이 자본주의 체제에 대한 저항이다." 이런 기괴한 좌익 논리를 펼치는 인간도 있었습니다.

그러나 나는 모처럼 어렵게 교원으로 채용되었는데 강의를 맡을 수 없다는 사실에 매우 조바심이 났습니다.

나는 성실하게 일하는 사람으로서 일하고 싶었습니다. 그래서 연구실을 대청소하고, 서가를 정리하고, 이것저것 학부생의 고민을 상담해주는 등 어떻게든 월급을 받는 만큼 일하려고 했지만, 슬프게도 월급을 받을 만한 일거리가 없습니다.

따라서 조교는 '과도기적으로' 머무르는 자리인 동시에 오래 머물러서는 안 되는 자리였지만, 웬만해서는 자리를 박차고 밖으로 나갈 수도 없습니다.

조교로 채용되었을 때는 '2, 3년 만에 나가달라'는 말을 들었고 나도 그럴 생각이었지만, 결국 8년이나 조교 자리를 지키고 있었습니다.

32개교의 교원 공모에 떨어지다

조교가 된 첫해부터 대학으로 오는 교원 공모에 전부 응모했습니다. 북으로는 홋카이도의 오히비로(帶廣) 축산대학부터 남으로는 오키나와의 류큐(琉球)대학까지 모든 프랑스어 교원 공모에 응모했지만, 모조리 떨어졌습니다. 8년 동안 32개교의 교원 응모에 떨어진 것입니다.

왜 그렇게 떨어졌느냐 하면, 운이 따르지 않았다고밖에 달리 말할 도리가 없습니다.

대학이 '채용하고 싶은 사람'의 이미지와 내가 제출한 이력과 연구 내용이 잘 맞지 않았던 것입니다.

채용하는 쪽은 그 나름대로 채용하고 싶은 사람의 조건이 있는데, 그것이 반드시 '학력과 업적이 다 우수한 사람'은 아니기 때문입니다.

대학에 이미 있는 프랑스어 전임교원(이 사람이 채용 여부에 상당히 영향을 미칩니다)과 잘 어우러지는 것이 꽤 중요합니다.

'그 사람과 전문 분야가 겹치지 않을 것', '그 사람보다 나이가 적을 것', 때로는 '그 사람보다 업적이 뒤떨어질 것' 등이 채용 결정에 중요할 때가 있습니다.

나는 전문 분야가 겹칠 염려는 없었지만(그도 그럴 것이 누구도 연구하지 않은 영역을 연구했으니까요), 내가 다룬 대상이 정치사, 사상사, 철학, 종교 등 프랑스 문학자가 보통 다루지 않는 주제였기 때문에 연구 업적의 수준을 가늠할 수 없었을 것입니다.

일본 국내에서 비슷한 연구에 종사하는 연구자가 없었기 때문에 '점수 매기기'가 불가능합니다.

그 무렵 나는 19세기 말부터 20세기에 걸친 프랑스의 반유대주의와 극우 정치사상을 연구하고 있었습니다.

학술적으로 분류하면 '정치사상사'에 해당합니다.

그렇지만 내가 다룬 반유대주의나 광신적 내셔널리즘은 '시대에 들러붙은 정신적인 병' 같은 것이므로, 내가 주로 읽는 사료는 '프로파간다(propaganda)'나 '위문서(僞文書)'[주14] 등 단적으로 '거짓말' 또는 '망상'의 소산입니다. 그래서 학술적인 엄밀함을 중시하는 연구자들은 별로 논의하려 들지 않습니다. 물론 프랑스 정치사상의 전문가는 국내외에 있습니다. 하지만 역사가들은 객관적인 역사적 '사실(事實)'을 연구하려고 합니다. 삼류 이데올로기의 망상이나 허언 같

주14) 거짓으로 꾸민 문서. -역주

은 것은 상대하려 하지 않습니다.

하지만 망상・허언・유언비어・프로파간다가 세계 각지에서 실제로는 거대한 정치세력의 형성에 깊이 관여하거나 현실을 종종 파멸로 몰아넣는 방식으로 바꾸어버립니다. 따라서 '그놈들은 원래 정신이 이상한 거야' 하고 간단히 치부해서는 안 됩니다.

망상을 이야기하는 사람들도 주관적으로는 합리성과 정당성이 있고, 그들 나름대로 정합적 세계상을 구축하며, 역사적 전망을 품고 있을 것입니다.

그것은 어떤 것인가? 어떤 경위로 형성되었는가? 어떻게 하면 제어할 수 있는가? 이런 질문은 이론적으로나 실천적으로나 무척 중요하다고 나는 생각했습니다.

특히 홀로코스트 이후의 반유대주의 사상 연구는 '살해당한 유대인 피해자의 관점'으로 진상을 규명하고 고발을 주도했기 때문에 '반유대주의자들에게도 주관적으로는 어떤 합리성이 있을 것'이라는 가설은 일단 다루어진 바가 결코 없습니다.

그러나 어떻게 유대인이 세계의 지배자, 악의 근원이라는 주장이 출현했고, 높은 지성을 갖춘 사람들마저 이 주장을 믿기에 이르렀는지는 나에게 실로 흥미로운 연구 주제였습니다.

여기에 대해 내 나름대로 그럴듯한 설명을 찾아내기 위해 고대 유대교의 독자성이란 무엇인지 조사하고, 중세 기독교가 유대인을 박해한 실례를 추적하고, 근대 반유대주의를 설파한 수상한 문헌을 섭렵하는 식으로 연구를 진행했습니다. 이런 식으로 보통 다른 사람은 다루지 않는 주제를 파고들었던 것입니다.

반유대주의의 연구자 중 99퍼센트는 유대인 역사가입니다. 나처럼 역사적으로나 문화적으로 유대교와 전혀 관계없는 일본인이 어째서 하필이면 이런 주제를 연구하는지 수상쩍은 시선을 받을 때가 있는데, 정작 '아무런 이해관계도 없다'는 점이야말로 연구 수행에는 유리할 수 있습니다.

이를테면 서구의 비유대인 연구자가 반유대주의를 조금이라도 긍정하는 주장을 쓰면('그들 나름대로 주관적 합리성이 있다'는 문구를 쓰면) 학자의 생명이 끝장날 만큼 비판을 받을 염려가 있습니다.

그러나 반유대주의 박해가 두 번 다시 일어나지 않도록 하려면 반유대주의라는 '병'을 병리학적으로 다루는 태도가 필요합니다.

바이러스를 연구하는 사람에게 '바이러스의 비인간성을 고발하는' 감정은 의미가 없습니다.

나는 어디까지나 '그런 일이 있어서는 안 된다'는 도덕적 훈계는 잠시 옆으로 밀어놓고, 홀로코스트를 '두 번 다시 일으키지 않도록' 하기 위해서도 '왜 일어났는가?'를 연구하고 싶었습니다.

연구자의 딜레마

독창적인 영역을 연구하면 '점수 매기기'가 어렵다는 문제에 부딪힙니다.

같은 영역에 연구자가 다수 있어 논문도 많이 나오면 '연구 수준이 어느 정도인지' 가늠할 수 있습니다.

하지만 일본에서 반유대주의를 전문적으로 연구하는 사람은 실로 소수였습니다.

와세다대학의 사회학과 연구과에 유대 부회(部會)라는 부문이 있고, 그곳을 거점으로 이스라엘 문화연구회라는 전문 역사학자, 정치학자, 종교학자 모임이 있는데, 이곳에서 학제 간 유대 연구를 진행했기 때문에 우선 그곳에 가입했습니다.

그곳에서도 프랑스의 반유대주의를 연구하는 사람은 나 혼자뿐이었습니다.

프랑스문학 연구자 중에는 '독일 협력 작가'인 루이 페르디낭 셀린(Louis-Ferdinand Céline, 1894~1961), 피에르 드리외 라 로셸(Pierre Drieu La Rochelle, 1893~1945), 로베르 브라지야크(Robert Brasillach, 1909~1945) 같은 작가와 사상가를 연구하는 사람이 있었는데, 에두아르 드뤼몽(Édouard Drumont, 1844~1917)이나 모레스 후작(Marquis de Morès, 1858~1896)같이 확고한 신념이 있는 '망상가·기상가(奇想家)'를 연구하는 사람은 거의 없었습니다. 그러므로 내가 무슨 글을 써도 잘 썼는지 못 썼는지 비교하고 대조할 기준이 없습니다.

심사란 동일한 영역의 논문 표본 수가 많으면 많을수록 정확도가 높아집니다. 하지만 '그런 연구를 하는 사람은 일본에서 혼자뿐'이라고 하면 객관적으로 평가할 방법이 없습니다.

그 당시 나는 반유대주의 연구와 나란히 프랑스의 유대인 철학자에마뉘엘 레비나스도 연구하고 있었기에 학회에서 발표하려고 했습니다. 그때도 지도교수인 아다치 가즈히로 선생에게 그만두라는 충고를 들었습니다.

"우치다의 레비나스 논의는 분명히 흥미로워. 하지만 점수를 매길 수 없군그래. 일본에 레비나스 연구성과가 쌓여 있지 않으니까 우치다가 쓴 어느 부분이 독창적이고 어느 부분이 '레비나스 연구자들의 상식'인지 알 수 없으니까 말이야. 극단적으로 말하면 우치다가 누군가의 선행 연구를 표절해 논문을 쓰더라도 우리는 알 수 없어. 그럴 위험이 있는 논문에 평점을 매길 도리가 없지 않겠나." 아다치 선생은 이렇게 설명했습니다.

과연 그렇겠구나 싶더군요. 다 맞는 말씀이었습니다.

젊은 연구자의 학회 발표는 '독창적인 견해를 밝히는 것'보다도 '공부를 어느 정도 했느냐는 것'을 보여주는 데 중점이 놓여 있습니다.

학회라는 무대에 올라간다는 것은 연구자로서 '선을 보이는 일'이고 어떤 의미에서는 '취직 활동'이므로, '독창적인 인물인가'보다는 '당장 데려다 쓸 만한 인물인가'를 우선 고려합니다.

당연하다면 당연한 일이지요.

'남이 하지 않는 군소 분야를 연구하고 있다'는 점에서는 '독창적'이라도 실제로는 '독창적이라기보다는 의미가 불분명한' 경우도 있고, '해당 분야에서는 누구나 알고 있는 평범한 견해를 논하는' 경우도 있습니다.

이는 모든 연구자가 빠지는 딜레마입니다.

아무도 손대지 않은 분야를 과감하게 탐구해가는 일은 용감하고도 창조적인 기획이기는 하지만, 정도가 지나치면 '심사 불가능'이라는 판정을 받아 연구자의 자리를 확보하지 못합니다.

내가 8년 동안 32개교의 공모에 모조리 낙방한 것도 채용 여부를 결정하는 사람들에게 미움을 받았다든가 낮은 평가를 받았기 때문이 아니라 '어느 정도 수준의 연구자인지 심사할 수 없기' 때문이지 않았을까 하고 돌이켜봅니다.

하지만 서류를 제출한 모든 대학에서 떨어지다 보면 자신감을 잃어버립니다.

서른아홉이 되었을 때 앞으로 1년만 더 힘을 내보고 마흔 살까지 전임교수 자리를 얻지 못하면 학자의 길을 포기하자고 마음먹었습니다.

도쿄도립대학에 조교로 있는 8년 동안 연구도 충분히 했고 논문도 썼고 번역서도 냈습니다. 그런데도 취직이 안 된다면 더는 헛물을 켤 수 없습니다.

젊은 연구자에게 조교 자리를 물려주고 나는 어번 트랜스레이션으로 돌아가 히라카와 군과 회사 일을 하자고 결심했습니다.

그 당시 어번 트랜스레이션은 사업 규모를 눈에 띄게 확장했는데, 히라카와 군은 '인큐베이션 비즈니스'[주15)]에도 눈을 돌려 실리콘밸리에 진출하기도 했습니다.

주15) 새로 창업한 기업에 사업 공간을 제공하고 경영을 위한 도움말을 주는 등 사업의 성공 확률을 높이기 위해 지원하는 일. -역주

국내에서도 번역에서 출판·편집 사업으로 옮겨갔습니다. 어번 트랜스레이션의 출판·편집 분야라면 나도 도움이 될지도 모르겠다고 생각하고, 마지막 1년이라고 정해놓은 기간 동안 필사적으로 취직자리를 찾아다녔습니다.

그러던 중 나를 받아준 곳이 고베여학원대학이었습니다.

나는 고베여학원대학에서 정년퇴직을 맞이할 때까지 21년 동안 근무했습니다만, 채용이 정해지기까지 우여곡절을 겪었습니다.

고베대학 이야기가 흘러나오다

고베여학원대학의 채용 기회를 마련해준 사람은 도쿄도립대학의 선배인 야마구치 도시아키(山口俊章) 선생님이었습니다. 집중 강의를 하러 오신 선생님 곁에서 보조해드리는 것이 조교의 역할입니다. 아침에 연습실을 열어놓고, 청소하고 재떨이를 비우고(생각해보면 1980년대까지 대학 강의실이나 연습실에서는 흡연할 수 있었습니다. 강독 수업이 있는 대학원 강의실은 앞이 보이지 않을 만큼 연기가 자욱했습니다), 선생님께 차를 대접하고, 점심 도시락을 준비하고, 쉬는 시간에는 커피를 내고, 이야기 상대도 되어드립니다.

야마구치 도시아키 선생님은 술을 좋아했기 때문에 불문과 선생님들은 매일 함께 술을 마시라는 엄명을 내게 내린 터였습니다. 그래서 매일 강의가 끝나면 선생님을 모시고 학부생·대학원생 등 수

강생들을 데리고 대학 앞 술집으로 향했습니다.

닷새 동안 계속 이렇게 술자리를 이어갔는데, 아마도 그 자리의 '분위기'가 선생님께 좋은 인상을 남긴 듯합니다.

반년쯤 지나 선생님이 전화로 고베대학에서 교원을 공모하니까 응모해보라고 제안해주셨습니다.

일본 전국의 대학에 전부 지원서를 내본 이 몸으로서는 "예, 예, 가겠습니다. 가고말고요. 어디든지 갈게요" 하고 대답했습니다.

서류를 갖추고 논문을 복사해 보냈는데, 연말에 "일이 잘 안 되었네" 하는 전화를 받았습니다.

최종 심사까지 올라갔지만 후보 두 사람에게 표가 갈리는 바람에 결국 올해는 교원을 채용하지 않기로 했다는 전언이었습니다.

그때 이런 말을 들었습니다. "우치다 군의 연구업적은 사상 분야 논문만 있고 문학 논문이 하나도 없는 것이 유감이었어. 문학 관련 논문이 한 편이라도 있었다면 강력하게 밀어붙였을 텐데 말이야."

아, 그러고 보니 그렇습니다. 이제까지 공모에 떨어진 이유가 철학과 사상 분야에 연구 성과가 편중된 탓일지도 모릅니다. 나는 야마구치 선생님의 조언을 받아들여 우선 문학 논문을 한 편 집필하자는 뜻을 세웠고, 마침 정리해두었던 정치사상사에 관한 자료를 응용해 문학에 관련한 논문을 썼습니다.

그 논문이 모리스 블랑쇼(Maurice Blanchot, 1907~2003)의 『문학은 어떻게 가능한가?(*Comment la littérature est-elle possible?*)』(1942년)라는 팸플릿을 해석한 「『문학은 어떻게 가능한가?』에 대한 또 하나의 독

해 가능성」이라는 논문입니다.

'엉뚱한 학설'의 반전

모리스 블랑쇼의 『문학은 어떻게 가능한가?』는 1942년 독일에 점령당한 파리에서 발행한 10페이지의 얇은 팸플릿입니다.

이것은 매우 신기한 텍스트입니다. 조금 앞에 나온 장 폴랑(Jean Paulhan, 1884~1968)이라는 작가의 『타브르의 꽃(*Les Fleurs de Tarbes ou la Terreur dans les lettres*)』(1941년)이라는 문학론의 '요약'이랄까 '주석'입니다.

우선 이 글이 쓰인 경위 자체가 의심쩍습니다.

장 폴랑은 2차대전 이전의 프랑스 문단의 중진 작가로서 점령군 검열관 게르하르트 헬러(Gerhard Heller)가 '스승'으로 모신 동시에 레지스탕스 활동의 조직자라는 수수께끼 같은 인물입니다. 독일의 검열이 횡행하는 가운데 합법적으로 출판했지만 무엇을 말하고 싶은지 전혀 알 수 없는 난해하기 그지없는 장 폴랑의 문학론에 대하여 블랑쇼는 마치 곧바로 호응하듯 '요약과 주석'을 써냈습니다.

블랑쇼는 전쟁 전부터 극우 왕당파의 이데올로그로서 완고한 민족주의자입니다.

유명한 레지스탕스와 왕당파 활동가가 주고받은 문학론이 평범한 문학론일 리 없습니다.

이에 나는 그 팸플릿이 '문학론이라는 형식을 띠고 있지만 실은 모리스 블랑쇼가 독일 검열관의 눈을 피하려고 암호로 쓴 정치 문서가 아닐까?' 하는 가설을 세웠습니다.

본심을 숨기고 암시하는 어조를 통해 금서 같은 내용을 합법적으로 전달하는 기술은 르네상스 이래 유럽에 면면한 전통이 있습니다. 그 전통을 이어받아 극우 왕당파인 블랑쇼가 문학론의 체재를 빌려 독일의 점령 속에서 새로운 정치적 입장을 언명한 것은 아닐까? 그것도 왕당파의 동지나 정적(공산주의자나 자유주의자)을 향해 선언한 것은 아닐까? 이렇게 생각해본 것입니다.

발상 자체는 나만의 창의적인 것이 아니었고, 이미 몇 년 전 미국의 불문학자 제프리 멜먼(Jeffrey Mehlman)이 제시한 바 있습니다. 그는 블랑쇼의 『문학은 어떻게 가능한가?』가 '1930년대 자신의 정치적 과거에 대해 암호로 쓴 메시지가 아닐까?' 하는 해석 가능성을 제시했습니다. 하지만 제시하는 것으로 그쳤을 뿐, 텍스트 자체의 해독을 시도하지는 않았습니다.

나는 이 팸플릿에 나오는 문학에 관한 이야기는 전부 이중 의미(double meaning)인 동시에 정치에 관한 이야기이기도 하다는 틀로 바꾸어 읽었습니다.

그때까지 사상사 연구를 지속해온 덕분으로 2차대전 이전의 프랑스 극우 정치운동이나 정치 주장은 퍽 자세하게 알고 있었기 때문에 암호를 비교적 시원스럽게 해독할 수 있었습니다.

요컨대 프랑스가 패배했다는 사실은 좌익이든 우익이든 기존의 정치운동이 잘못되었다는 뜻이므로 자신은 그와 다른 길을 가겠다는 것, 그리고 검열 하에서 진정 말하고 싶은 바는 변환 규칙이 단순한 암호로 써야 전달하기 쉽다는 것이 그 글의 요지입니다.

그렇게 쓰여 있었습니다. 참말로요.

따라서 내가 쓴 논문은 거의 정치적 소재만 다루었음에도 문학론으로 읽을 수 있는 체재를 갖추었습니다.

이 논문 덕분에 내 연구업적의 목록에 조금 균형이 잡혀 고베여학원대학에 결국 채용되었습니다만, 여기에는 재미있는 후일담이 있습니다.

모리스 블랑쇼의 연구로서는 내 논문이 유독 특이했기 때문에 학계에서는 상대도 해주지 않았습니다.

언어도단의 망설이라고 아예 내쳤습니다.

그런데 나중에 겨우 350부를 인쇄했던 초판 팸플릿의 복사본을 입수해보니, "이 책은 겉으로 보이는 그대로 책이라고 생각하지 않는 편이 좋을 것", "이곳에서 논의한 내용은 실로 근원적인 문제"라고 블랑쇼 자신이 써놓았다는 것을 알았습니다(그다음 해 블랑쇼 저작집에 실을 때 암호로 썼다는 냄새를 피운 이들 어구는 전부 삭제되어 있었습니다).

그 후 내 논문은 장 폴랑의 『타브르의 꽃』과 블랑쇼의 『문학은 어떻게 가능한가?』와 더불어 단행본에 수록되는 영광을 맛보았습니다(『언어와 문학』, 쇼시신수이[書肆心水], 2004년).

현재 블랑쇼의 『문학은 어떻게 가능한가?』의 해석으로서 내가 세운 가설은 학계의 '정설'로 받아들여진 듯합니다.

고베여학원대학으로

고베대학 이야기가 흘러나왔을 때 야마구치 선생은 책임을 느꼈는지, 몸소 나를 채용해줄 대학을 찾아주셨습니다.

그다음 해 야마구치 선생이 출강하던 고베여학원대학에서 어느 프랑스어 교원이 정년퇴임을 맞이했습니다.

후임을 공모하는 것도 좋지만, 응모자가 몇십 명이나 되면 논문을 읽고 면접을 실시하는 일도 만만치 않기 때문에 처음부터 후보자를 몇 명으로 압축해 선발 과정을 진행하기로 했다고 합니다.

"누군가 적당한 인재가 없을까요?" 하는 질문에 "도쿄도립대학에 조교로 근무하는 사람이 한 명 있는데요" 하고 야마구치 선생이 나를 추천해주었습니다.

심사를 담당한 고베여학원대학의 선생 중에는 역사학자 시미즈 다다시게(清水忠重) 선생이 있었습니다. 이분이 내가 쓴 반유대주의 연구 논문을 무척 높이 평가해주셨습니다.

당시 내가 제출한 논문은 나중에 고바야시 히데오(小林秀雄) 상을 수상한 『사가판 유대문화론(私家版·ユダヤ文化論)』(文春新書, 2006년)[주16]의 바탕이 되었습니다.

시미즈 선생은 이렇게 말씀해주셨습니다. "반유대주의라고 하면 보통은 비판적으로 논의하는데, 우치다 군의 논문은 '어떤 망상에도 주관적인 합리성이 있다'는 관점으로 논하고 있다. 예단하지 않고 사료를 읽는 일은 역사 연구자에게 아주 중요하다. 이런 집필 방식

주16) 한국어판은 아모르문디, 2011년 간행. -역주

이 내게는 꽤 바람직해 보인다."

시미즈 선생의 단정적인 이 한마디 덕분에 면접 현장의 분위기가 정해지는 듯했습니다.

이리하여 일본 전국의 교원 모집에 떨어지기만 하다가 고베여학원대학의 선택을 받았습니다. 힘을 보태주신 선생들께는 감사한 마음에 절로 고개가 숙여질 지경입니다.

'우치다 다쓰루의 기적 같은 프랑스어'

고베여학원대학에서는 프랑스어, 프랑스문화론, 프랑스문학을 가르치기로 했습니다.

그런데 시간이 좀 흐르고 보니 '무엇을 하든 질책당하지 않는다'는 사실을 알게 되었습니다. 그래서 철학, 기호론, 영화론 등으로 가르치는 분야를 점점 넓혀갔고, 급기야는 합기도나 지팡이를 쓰는 무술을 정규 과목으로 가르치는 '체육 선생'까지 겸하기에 이르렀습니다.

도쿄도립대학에서 조교로 일할 때는 가나가와(神奈川)의 대학과 고엔지(高円寺)의 입시 전문학교에 시간강사로 나가 프랑스어를 가르쳤습니다.

특히 입시 전문학교에서 대학 입시를 위한 프랑스어를 가르친 경험은 꽤 재미있었습니다.

당시 대다수 대학의 외국어 입시 과목으로는 영어 이외에 독일어와 프랑스어를 선택할 수 있었습니다.

자동으로 같은 학교에 진학할 수 있는 사립 중고등학교 중에는 프랑스어를 6년간 가르친 곳도 있기 때문에 영어보다 프랑스어를 더 잘하는 수험생도 있습니다.

하지만 그런 사람은 소수이고, 대다수는 편입 수험생이었습니다.

대학의 학부나 학과를 바꾸기 위한 편입 시험 과목은 대개 소논문과 외국어뿐입니다. 편입생이란 야간 대학에 입학했지만 2학년부터는 주간 대학으로 옮기고 싶은 대학생입니다.

영어 시험을 치면 좋겠지만, 웬일인지 자기들이 영어를 병적으로 못한다는 의식이 있는 그들은 프랑스어를 선택합니다.

영어를 못하는 사람이 프랑스어를 잘할 리 없다고 나는 생각했습니다. 왜냐하면 문법 규칙은 영어와 프랑스어가 거의 비슷하고, 발음과 철자는 프랑스어가 좀 더 복잡하기 때문입니다.

중1부터 고3까지 6년 동안 영어를 공부하고도 제대로 익히지 못한 학생들에게 4월부터 1월까지 10개월 동안 ABC부터 시작해 시험 문제를 풀 수 있도록 이끌어갈 수 있을까? 처음에는 이렇게 생각했던 것입니다.

그러나 그럴 수 있습니다. 참말입니다.

외국어 학습은 본래 천천히 반복해 외워서 익혀나가는 것이 일반적이지만, 시간이 없으면 그렇게 하라고 할 수 없습니다.

처음에 급히 서둘러 문법 기초만 가르치고 여름방학부터 입시 문제를 풀어가는 '속성 프랑스어'입니다.

그런데 이렇게 해보니 순조롭게 잘 풀렸습니다.

합격자가 속속 나오다 보니 입시 전문학교에서는 2, 3년 후부터 내 수업에 '우치다 다쓰루의 기적 같은 프랑스어'라는 제목을 붙였습니다.

결국 입시 전문학교에서는 10년이나 가르쳤는데, 마지막에는 도쿄대학 합격자까지 나오더군요.

그곳에서 일하는 동안 수업 방식을 무척이나 연구하고 고민했습니다.

그때 단지 문법 규칙이나 단어를 통째로 외우게 하는 방식은 비효율적이고, 언어의 본질을 본격적이고 학술적으로 설명하는 편이 학생들의 빠른 이해를 돕는다는 것을 알았습니다.

'관사란 어떤 세계관의 산물인가?', '상(相, aspect)[주17]이란 어떤 시간 의식이 있는 사람에게 의미가 있는가?' 하는 언어의 근원부터 설명하면 학생들이 빨리 이해해줍니다.

프랑스어 문법은 '프랑스어 화자들에게 세계가 어떻게 보이는가?'를 이해하려고 하지 않으면 이해할 수 없습니다.

겨우 10개월 만에 특훈으로 '중학교 시절부터 영어를 이해하지 못했다'는 학생들이 프랑스어로는 긴 문장을 읽고 해석할 수 있습니다.

이런 사례를 보면 그들이 원래 어학 능력에 문제가 있지 않았다는 것을 알 수 있습니다. 따라서 영어도 적절한 방식으로 가르친다면

주17) 전통 문법에서 동사가 지닌 동작의 양태나 특질 등을 나타내는 문법 범주의 하나. 동작의 완료를 나타내는 완료상, 동작의 진행을 나타내는 진행상 등이 있다. -역주

실력이 우수해질 수 있을 것입니다.

일본의 학교는 공부를 강요함으로써 '영어라면 질색하는 사람'을 만들어냅니다. 이 같은 현실을 전문 입시학교에서 깨달았습니다.

인간은 기본적으로 머리가 좋다

오랫동안 교단에 서온 사람으로서 인간은 누구나 기본적으로 머리가 좋다고 생각합니다.

다만 예를 들어 '나는 영어를 못한다'고 외곬으로 믿는다면 뇌 속 어느 부위의 문이 잠겨버려 영어를 이해하고 운용하는 능력이 활동을 멈춥니다.

따라서 잠금장치를 해제하고 뇌가 움직이기 시작하도록 해주기만 하면 교사는 달리 아무 일도 하지 않아도 됩니다.

공부는 스스로 배우는 것입니다.

뇌는 본질적으로 활동하기를 좋아하기 때문에 사용법을 알면 빠른 속도로 돌아갑니다.

외국어 학습을 위한 뇌 부위를 그들은 6년 동안 쓰지 않았으므로 뇌도 자기를 써주었으면 합니다.

본래 외국어를 배우는 일은 지적으로 훌쩍 고양하는 경험입니다. 모어와 다른 단어, 다른 문법 규칙, 다른 음운의 말이 있다고 아는 것만으로도 시야가 넓어지고 세계가 열리는 기분이 듭니다.

인간은 내심으로 배움을 원합니다. 교사는 '배움의 스위치'를 켜 주기만 할 따름입니다.

어떤 계기를 통해 배움에 발동이 걸리기 시작하는지는 예측할 수 없습니다. 누구에게나 똑같은 교육법이 효과를 보는 것이 아니니까요.

하지만 기회를 타고 '배움의 스위치'를 켜면 맹렬하게 공부하기 시작하는 학생들을 몇 명이나 지켜본 바 있습니다.

눈앞에서 생생하게 잠재적인 재능을 꽃피우는 모습을 보는 것이 교사가 맛보는 더할 나위 없는 만족입니다. 나는 교사가 되어 이른 시기에 이런 경험을 누릴 수 있었습니다.

그것은 실로 행운이었습니다.

이혼, 그리고 한부모 가정

남자로서 모든 것을 부정당하다

나는 1989년에 이혼했습니다. 이제는 먼 과거의 일이지만 이혼을 떠올리면 괴롭습니다. 몸과 마음에 새겨진 상처는 부모님이 돌아가신 때보다 더 깊었습니다.

부모님이 돌아가셨을 때나 형님이 세상을 떴을 때는 '이 세상에 더는 안 계시는구나' 하고 쓸쓸함은 느꼈지만, 자기 자신을 부정당하는 기분이 들지는 않습니다. 그러나 이혼이란 단지 배우자가 부재할 뿐만 아니라 자신의 존재 및 자신이 배우자와 함께 지낸 시간의 의미를 부정당하는 듯한 경험입니다. 13년이나 동고동락한 아내에게 "이제 당신과 함께 살고 싶지 않아요" 하는 선고를 받았으니까요. 남자로서 모든 것을 부정당하는 느낌이었습니다.

이혼한 지 한 달 만에 7킬로그램이나 빠지더군요. 74킬로그램이었던 체중이 67킬로그램으로 줄었습니다. 위가 경직되어 딱딱한 음식물은 소화하지 못했습니다. 그런데도 술은 마실 수 있었습니다. 그때 영양은 대체로 술에서 공급받은 듯합니다. 물론 그것만으로는 부족하니까 점점 말라갔습니다. 이렇게 급속하게 마르면 신체 감각이 체중 감소 상태를 따라가지 못합니다. 건물 모서리를 돌아가는데 바람이 불어와 휘청댔던 적도 있었습니다.

네 살 연상의 여배우 아내

결혼한 해는 1976년, 스물다섯 살 때입니다. 합기도 지유가오카 도장에 입문한 지 반년 후입니다. 대학을 나와 정규직을 얻지 못한 상태로 아르바이트 인생을 살았습니다만, 대학원 진학을 지망해 입시를 준비하고 있는 데다 다다 선생을 스승으로 모시고 훈련에 열중하기 시작한 시기였기 때문에 약간 '상승' 기운을 타고 있었습니다.

결혼 상대는 네 살 연상의 여배우였습니다. 합기도를 시작한 동기가 '누군가에게 따끔하게 가르침을 받고 성격을 고치지 않으면 언젠가 큰일을 낼 것'이라는 위기감이었듯, 결혼한 동기도 '인생의 멘토(선배)'를 배우자로 맞이하고 싶은 마음이었던 것 같습니다.

네 살 연상의 여성으로 십 대부터 무대 배우, 텔레비전 여배우로 활동한 사람이므로 실제 나이 차이보다 훨씬 더 '어른'이었습니다. 그쪽이 '선생'이고 내가 '학생', 또는 그쪽이 '대장'이고 내가 '부하' 같은 관계였습니다.

나는 그 당시 여하튼 '성격을 고쳐보겠다'고 결심한 자기 개조의 시기였기 때문에 그야말로 젓가락을 들고 놓는 것까지 일일이 아내의 지시에 따르는 도제 수업 같은 결혼 관계가 그야말로 유쾌하고 즐거웠습니다.

무직의 젊은이였던 만큼 '결혼하고 싶다'는 청을 넣어도 상대방 부모님(특히 아버님)은 나를 전혀 거들떠보지 않았습니다.

아내의 부친은 히라노 사부로(平野三郎)라는 분으로 자민당의 국회의원을 지낸 뒤 기후현(岐阜縣) 지사를 역임한 정치가였습니다. 그만큼 유명하고 높은 분이었지요. 결혼 신고를 해버린 터라 '사위'라는 법적 지위는 인정해주었지만, 개인 대 개인으로 상대해주지는 않았습니다.

그런데 그때 뜻밖의 일이 벌어졌습니다.

장인이 결혼한 해에 뇌물 수령 혐의로 기소당하고, 그해 말 현의회의 불신임 결의로 사직한 것입니다. 같은 시기에 미야자키현(宮崎縣) 지사, 후쿠시마현(福島縣) 지사의 독직(瀆職) 사건이 차례로 일어나 매스컴에서도 장인의 사건을 대대적으로 보도했습니다.

장인은 정신의 피로로 말미암아 지병이 악화해 긴급 입원했습니다. 그때까지 30년 가까이 국회의원과 현지사를 지내면서 비서와 운전기사가 모두 알아서 챙겨주는 생활에 익숙한 사람이었는데, 이제 주위에 가족 이외에는 아무도 없는 상황에 놓인 것입니다.

가족은 아내와 딸 넷이었는데 장녀는 미국에 있고, 막내는 병으로 입원 중이었습니다. 남자는 나밖에 없는 상황입니다.

앞에서도 말했다시피 정식 직업이 없는 내 생활은 아르바이트 일을 하는 짬짬이 프랑스 문학사의 교과서를 읽고 저녁에는 합기도 훈련에 나가는 것이 고작이었습니다.

그래서 장인의 요청으로 '경호원'으로 일하기로 했습니다. 입원 중인 장인의 병실 앞에 서 있다가 인터뷰하러 오는 신문기자와 파파라치를 정중하게 쫓아내는 일을 맡긴 것입니다.

장인의 건강이 조금 회복되어 기후에서 첫 공판이 열릴 때도 내가 동행해 신문기자를 막아주었습니다.

그런 식으로 내리막길에 들어선 장인 곁에 있으면서 이것저것 힘쓰는 일을 한 덕분에 나에 대한 장인의 평가도 싹 달라졌습니다. "다쓰루 군은 썩 괜찮은 청년이야!" 하기에 이르렀고, 그 후에는 사이가 좋아졌습니다.

파란만장한 장인의 인생

장인은 실로 재미있는 사람이었습니다.

장인은 기후의 군죠하치만(郡上八幡)에 있는 양조장의 장남으로 태어났습니다. 그의 부친 히라노 마스키치(平野增吉)는 메이지 시대(1867~1912)와 다이쇼 시대(1912~1926)에 걸쳐 임업 사업가로서 국가와 전력회사를 상대로 몇 번이나 소송을 일으켜 '댐 소송'의 선구자가 되었습니다. 히라노 마스키치도 전후에 국회의원이 되었습니다.

장인은 게이오(慶応)대학 재학 중에 제2차 공산당의 중앙위원이 되었습니다. 연이은 탄압으로 공산당 간부는 거의 옥중에 갇히는 시대였기에 학생이면서도 공산당 간부가 되었던 것이겠지요. 1931년 특고(특별고등경찰)에 체포당해 쓰키지(築地) 경찰서 유치장에 갇혀 심한 고문을 당했습니다.

"나도 고바야시 다키지도 쓰키지에서 고문을 받았습니다만, 고바야시는 죽고 나는 살아남았습니다." 장인은 늘 자랑삼아 이런 이야기를 했습니다.

그 후 게이오대학에서 퇴학당한 뒤 징병으로 7년간 중국 대륙에 체재하다가 살아서 돌아왔습니다.

간부 후보생 시험 응시를 완고하게 거부한 탓에 하사관에 머물렀지만, 자신이 속한 대대에서 마지막으로 지휘봉을 잡은 것은 중사였던 장인이었습니다. 소위 이상의 장교가 전부 전사했기 때문입니다.

"다쓰루 군, 전쟁에서 살아남는 비결을 알고 있는가?" 장인이 이렇게 물은 적이 있습니다. "글쎄요, 잘 모르겠는데요." 그러자 "전투가 시작되면 바로 숨는 거야" 하고 장인이 답을 가르쳐주었습니다.

"장교는 부대 선두에 서서 말을 타고 달려가야 하고, 전투가 터지면 선두에 서서 싸워야 하지. 말하자면 적군에게 '날 좀 쏴 달라'고 말하는 셈이지. 난 절대 사양이야."

이렇게 말하는 것을 보면 현실적이고 냉철한 사람입니다. 그래서 대륙에서 7년 동안 전쟁터를 전전하고 화난(華南)주18)에서 무장 해제를 당하고도 살아 돌아온 것입니다.

전후에는 고향 군죠하치만에서 정장(町長)을 지내고 자유당 후보로 중의원 의원에 당선해 5선 의원을 지냈습니다. 그 후 기후현 지사가 되었는데, 3선 지사를 역임 중 독직 사건으로 실각했습니다. 그야말로 공산당의 활동가였다가 중국 대륙에서 전쟁을 경험하고,

주18) 푸젠성(福建省), 광둥성(廣東省), 구이저우성(貴州省) 등으로 이루어진 중국의 남부 지방을 말한다. 중국에서 기온이 가장 높고 다습한 아열대 기후 지역이다. -역주

국회의원 때 시데하라 기쥬로(幣原喜重郎)주19)의 비서를 지낸 뒤 지사로 당선하는 등 변동의 폭이 넓고 굴곡이 많은 사람이었습니다.

따라서 장인의 이야기는 어떤 화제든 아주 재미있었습니다. 이렇게 세상의 거친 풍파를 겪은 사람인 만큼 어느 이야기가 진실이고 어느 부분이 허풍인지, '죽을 때까지 침묵한 채 무덤으로 가지고 가기로 결심한 비밀'은 무엇인지, 이십 대였던 나는 알 수 없었습니다.

그러나 쇼와 시대(1926~1989년)를 살아온 증인이기 때문에 어느 정도 꾸며내거나 빠뜨리는 말이 있으리라 추측하고 듣는 수밖에는 없습니다.

가족은 누구나 장인의 이야기에 관심을 보이지 않았습니다. 장인이 술에 취해 옛날이야기를 꺼내기 시작하면 "또 시작이군" 하고 한 사람씩 차례로 자리를 일어나 다른 방으로 가버립니다.

부엌에서 위스키를 꿀꺽꿀꺽 마시고 담배 연기를 푹푹 내뱉으면서 계속 이야기하는 장인 앞을 지키며 이야기를 듣고 있는 사람은 대체로 나 혼자였습니다.

특히 일본국 헌법 제9조 제2항을 맥아더에게 제안한 사람이 바로 시데하라 기쥬로였다는 이야기가 흥미로웠습니다.

"헌법 제9조 제2항은 시데하라 기쥬로가 쓴 거야."

제9조는 GHQ(연합군 총사령부)주20)가 강요했다는 통설이 지배적이지만, 장인에 따르면 사실은 시데하라 기쥬로가 발안해 맥아더에게

주19) 1872~1951. 일본의 정치가이자 외교관. -역주

주20) 1945년 제2차 세계대전 후 점령 정책을 실시하기 위해 도쿄에 설치한 관리 기구로 대일 강화조약을 체결한 1952년까지 일본을 지배했다. -역주

제안했다는 것입니다. 국회의원 시대의 장인은 비서 자격으로 시데하라 기쥬로를 수행했고, 임종 때까지 곁을 지켰습니다. 그런데 시데하라 기쥬로는 죽음을 앞둔 침상에서, "9조 2항을 발안한 사람은 나였네. 그것을 맥아더에게 가지고 가서 반드시 헌법에 넣어 달라고 청하였지" 했다고 합니다. 장인은 이 이야기를 나중에 국회의 헌법조사회에서 증언했습니다. 이 증언은 '히라노 문서'라고 해서 지금도 때때로 인용되곤 합니다.

몇 해 전에 '헌법 9조를 유네스코 세계기록 유산으로!' 올리자는 운동이 벌어졌을 때도 '히라노문서'가 자료로 채용되었고, 나도 그 문서의 진정성에 관해 증언하라는 요구를 받았습니다.

증언의 진위는 알 수 없으나 장인은 시데하라 기쥬로의 말을 몇십 년 동안 되풀이했고, 그 내용이 일관되었다는 것은 확실합니다.

그런 식으로 나는 장인, 장모와 아주 사이좋게 지냈지만, 아내와는 결국 이혼하고 말았습니다.

"제멋대로 구는 딸이라 면목 없네. 딸과는 의절했으니 앞으로 다쓰루 군과는 변함없이 부모 자식 관계로 계속 지냈으면 좋겠네." 이혼할 때 장인은 이렇게 통상적이지 않은 말씀을 건넸습니다.

장인이 돌아가신 해는 1994년입니다. 이혼한 지 5년이 지난 때라 나는 아시야(芦屋)에서 딸애와 둘이 살고 있었습니다.

헤어진 아내가 전화를 걸어 "아버지가 돌아가셨어. 빨리 와주면 좋겠어" 하고 말했습니다. 나는 당장 딸애를 태우고 도쿄까지 자동차를 몰았고, 장례를 치르기 위한 절차를 도와 이틀 뒤 장례식을 치렀습니다. 딸은 장인의 손녀니까 친척 자리에 앉아 있지만, 나는 친척이 아니니까 뒷자리에 앉아 장인을 보내드렸습니다.

12년 동안 '부녀 한부모 가정'

1989년 4월에 이혼하고 나서 딸과 둘이서 '부녀 한부모 가정'을 이루었습니다.

부모가 이혼하면 아이는 엄마와 함께 지내는 경우가 많기 때문에 왜 아버지가 자식을 거두었느냐는 질문을 자주 받습니다.

이혼이 정해졌을 때 아버지와 어머니 중에 누구와 살겠는지는 아이의 선택에 맡기자고 합의했습니다. 여섯 살 아이에게는 무척 잔인한 선택이었다고 생각합니다.

거실 탁자에 셋이 둘러앉아 내가 말했습니다. "정말 미안한 얘기지만 아빠와 엄마는 이혼하기로 했어. 엄마와 아빠 중에 누구와 살지는 네가 정했으면 좋겠구나."

딸은 엄마와 살겠다고 하겠지 하고 속으로 생각했습니다.

그 전해에 고베의 대학에서 전임교수 이야기가 나왔을 때 "나는 딸애와 도쿄에 남을 테니까 당신 혼자 고베로 가요" 하고 아내가 말했기 때문입니다.

그도 그럴 것이 내가 취직하더라도 도쿄에서 일하는 아내가 일을 포기할 수는 없습니다. 그러니까 지방에 있는 대학에 취직하면 나 혼자 부임하고 방학 때만 딸애 얼굴을 보러 도쿄에 오는 생활이 되지 않을까 상상했습니다.

그렇게 삭막한 생활을 그려보고 그 이미지에 이미 익숙해졌기 때문에 딸애는 필시 엄마를 선택하리라 각오하고 있었습니다.

이혼한다는 소식을 딸애에게 알리기 전 일요일에 가미노게(上野毛)에 있는 메밀국수 식당에서 딸과 마주 앉아 메밀국수를 먹었습니다.

국수를 후루룩 먹으면서 '앞으로 일요일 낮에 둘이서 식당에 들어와 마주 앉아 국수를 먹거나 밥을 먹는 생활은 오늘로 끝인 건가……' 하고 절망적인 기분이 들었던 것이 기억났습니다.

누구와 살겠느냐는 질문에 딸애는 "셋이 같이 살면 안 돼?" 하고 부모의 얼굴을 슬쩍 훑어보았습니다. 내가 고개를 좌우로 흔들었더니 잠시 말없이 눈물을 흘렸습니다. 그러고 나서 고개를 들고 "그러면 아빠와 살게" 하고 말했습니다.

나는 화들짝 놀랐습니다. 기쁜 동시에 큰일났구나 싶었습니다.

이혼을 결정하고 나서는 딸애와 헤어져 혼자서 외로움을 견디며 살아가야 한다는 생각만 했을 뿐, 딸과 둘이 살아간다는 선택지는 전혀 상상하지 못했기 때문입니다.

여하튼 오늘부터 나 혼자 직장 일에 집안 살림을 하면서 딸아이를 키워야 하는구나. 이런 일을 제대로 해낼 힘이 내게 있는지 없는지는 모르겠지만, 해낼 수밖에 없구나.

이렇게 각오를 다지기까지 몇 초가 걸렸습니다.

몇 년 후에 딸에게 "그때 왜 아빠를 선택했어?" 하고 물어본 적이 있습니다.

"엄마와 살면 아빠와 더는 만날 수 없을지도 몰라. 하지만 아빠와 살면 엄마가 보고 싶다고 할 때 언제나 엄마를 만나게 해줄 것 같았어." 이 대답을 듣고 과연 똑똑한 아이라고 생각했습니다.

이혼하고 아내가 집을 나간 뒤에도 1년 동안 도쿄에 있었기 때문에 근처에 살던 장인, 장모, 처형, 친구들이 딸을 자주 보살펴주었습니다.

이혼한 것이 4월 초였는데, 그다음 날이 딸애의 초등학교 입학식이었습니다.

입학식은 평일 낮에 열렸고, 학급에서 보호자 첫 모임에 참석했을 때 남자는 오직 나 혼자였습니다.

자기소개 차례가 돌아오자 "저 혼자 아버지가 참석해서 이상하게 여기시겠지만, 실은 어제 이혼해서……" 하고 말했더니 엄마들 사이에 웃음소리가 새어 나왔습니다.

하지만 보호자 모임이 끝났을 때 어린이집 시절부터 서로 알고 지낸 엄마들이 몇 명 다가와 "힘드시겠어요. 어려운 일이 있으면 무슨 일이든 말해주세요" 하고 격려해주었습니다.

생각해보면 어린이집 시절부터 보호자 모임에는 아내보다 내가 더 자주 얼굴을 내밀었습니다.

조교 일은 일주일에 이틀만 근무하고 나머지는 대학의 시간강사와 입시 전문학교의 강사로 나갈 뿐이니까 평범한 정규직 회사원보다 시간이 훨씬 자유롭습니다.

거의 매일 어린이집에 데려다주고 데려왔고, 행사에는 빠짐없이 다 참석했습니다.

그 때문에 어린이집 졸업식 때 '보호자 대표'로 감사의 말을 발표하라고 원장 선생에게 부탁받았습니다.

그 어린이집 창설 이후 아버지가 감사의 말을 발표한 예는 내가 처음이었다고 합니다. '육아에 성실한 아버지'라는 인상을 딸에게도 남기지 않았을까 합니다.

일보다 가사와 육아를 최우선으로

1990년 봄 고베여학원대학에 부임해 아시야의 야마테초(山手町)에 있는 아파트로 이사했습니다. 딸애는 곧 근처 초등학교에 다니고 나는 자동차로 30분 걸리는 니시노미야시(西宮市)의 대학으로 통근했습니다.

첫 학기는 교무과가 한부모 가정이라는 사정을 배려해주어 월요일과 화요일만 강의를 하고 나머지는 쉬는 시간표를 배당해주었습니다.

화요일 오후에 강의가 끝나면 '주말'이나 마찬가지였지요. 매달 두 번 금요일에 교수회의가 있었지만 회의가 길어지면 선배 교수들이 "우치다 군, 딸이 기다리고 있을 텐데 집에 가보도록 해요" 하고 말해주었습니다. 실로 이만큼 친절이 넘치는 환경이었습니다.

다른 대학에 시간강사를 나가는 일도 없었고 아직 왕래하는 친구도 없었던지라 주 이틀 근무가 끝나면 할 일이 없는 생활이었습니다.

다만 다다 선생이 고베의 정무관(精武館)이라는 도장을 소개해주어 4월부터 곧장 합기도 훈련을 다니기 시작했습니다. 훈련은 일주일에 두 번뿐이었습니다.

결국 첫해는 대부분 야마테초의 집에서 시간을 보냈습니다.

신학기가 시작한 첫 일요일에는 우리 부녀가 갈 곳도 없고 아무도 올 사람도 없고 할 일도 없으니까 둘이서 거실에서 무료하게 뒹굴다가 마당에 핀 벚꽃을 바라보았습니다. 그러다가 심심하니까 드라이브나 할까 싶어 아시야 해변까지 가서 넋을 놓고 해안을 산책하던 기억이 납니다.

아는 사람이 아무도 없는 곳에서 오롯이 부녀가 딱 붙어서 지냈습니다. 조용하고 아주 충만한 생활이었습니다.

그 무렵 나는 집에 있을 때는 거의 앞치마를 입고 있었습니다.

강의가 없는 날은 딸애를 학교에 데려다준 다음 청소하고 빨래하고 이불을 널고 장을 보러 가는 '주부(主夫)'로 살았습니다.

볕 드는 곳에 앉아 1960년대 미국 팝송을 반복해 들으면서 다림질을 하거나 바느질을 하고 있으면 '이런 시간이 영원히 이어졌으면 좋겠건만' 하는 생각이 들었습니다.

오즈 야스지로(小津安二郎)주21)의 <만춘(晩春)>에 나오는 주인공은 딸과 둘이 사는 중년의 대학교수인데 가끔 친구들과 술을 마시고 아무도 읽지 않는 논문을 쓰고 일요일이면 노가쿠도(能樂堂)주22)에 나가는 조용한 삶을 삽니다.

'이혼해서 딸과 둘이 사며 좋아하는 연구를 하고 합기도와 노가쿠를 즐기는 생활'은 확실히 <만춘>과 조금 비슷했습니다.

일로 성공하는 것을 추구하지 않았다

부녀 한부모 가정이 되었을 때 한 가지 결심한 바가 있습니다. '일로 성공하는 것'을 추구하지 않겠다는 마음입니다.

그때까지 나는 어떻게든 연구자로서 성과를 올려 학문의 세계에 이름을 남기고 싶다는 욕구가 있었습니다.

1980년대는 '뉴아카데미즘'의 시대입니다. 동년배 또는 더 나이 어린 학자들이 속속 등장해 매스컴의 총아가 되었습니다.

출판계는 분위기를 타보자는 기대로 '다음 타자'를 찾고 있었던 참이라 내게도 가끔 제안이 들어왔습니다.

주21) 1903~1963. 일본 영화 감독의 거장으로 서민 삶의 인간관계와 의사소통, 가족의 유대감 등을 주로 그려냈다. -역주

주22) 일본의 대표적인 가면 음악극인 '노(能)'를 전문적으로 공연하는 극장. '노'는 유네스코가 지정한 세계 무형 문화이다. -역주

『현대사상』, 『유레카(ユリイカ)』,주23) 『에피스테메(エピステーメー)』주24) 같은 사상계 잡지에서도 원고를 의뢰했고, 레비나스의 번역도 학계의 주목을 모았으며, 연구서의 출판 기획도 제안받았습니다. 젊은 연구자로서 '몸값을 올릴' 기회가 왔을 때 바로 이혼과 간사이 지방으로 이사라는 사건이 벌어진 것입니다.

학문적 경력 쌓기는 그때 '포기'하자고 결심했습니다. 물론 연구를 그만둘 수는 없습니다. 하지만 연구성과가 주목받는다든지 책을 내는 일은 포기하기로 했습니다.

단, 레비나스 철학의 번역은 앞으로도 꾸준히 해나가서 몇 년에 한 권씩 번역서를 내고, 논문은 1년에 한 편을 목표로 쓰자고(학회지나 상업잡지는 유별나고 기묘한 내 논문을 실어줄 것 같지 않으니까 심사가 없는 학내 발간 정기 간행물에 실을 수밖에는 없겠지만) 마음을 정했습니다.

그리고 모든 일을 고려할 때 가사와 육아를 가장 우선하기로 했습니다.

'가사와 육아 때문에 연구 시간이 줄어들었다. 아이 때문에 자아실현을 방해받았다'는 생각은 절대로 하지 않겠다고 말입니다.

아침저녁으로 영양의 균형을 맞춘 맛있는 밥을 짓고, 집을 깨끗하게 청소하고, 옷을 세탁하고, 이불을 햇빛에 잘 말리고, 잘 걷은 빨래는 다림질을 하고, 옷깃이 터지면 꿰매는 일을 잘 해내면 '자기 자신에게 백 점을 주기로' 했습니다. 가사와 육아 일을 마치고 조금이

주23) 무언가를 발명하거나 발견해 기쁠 때 나오는 감탄사로, 고대 그리스 철학자 아르키메데스가 외쳤다고 한다. -역주

주24) 에피스테메는 앎(Knowledge) 또는 과학(Science)으로 번역하는 그리스어. -역주

라도 시간이 남으면 '선물'이라고 고맙게 생각하기로 했습니다.

그렇다면 '선물 같은 여가'에 책을 읽고 번역을 하고 논문을 쓰는 것이 됩니다.

그렇게 달성한 성과는 '보너스' 같은 것이므로 성과가 있으면 기뻐하겠지만 없다고 마음 쓰지 말자고 마음먹었습니다.

이렇게 마음을 다잡았습니다.

이 시기에 학내 정기 간행물에 띄엄띄엄 발표한 논문은 학내는 물론 학회 내부에서도 전혀 주목받지 못했습니다만, 나로서는 쓸 수밖에 없는 필수적인 글이었습니다.

다행스럽게도 그때 쓴 논문 대다수는 나중에 『망설임의 윤리학 ―전쟁・성・서사(ためらいの倫理學―戰爭·性·物語)』(도큐샤冬弓舍, 2001년)[주25]이라는 첫 논문집에 재수록했고, 이것이 내가 늦게 꽃피워낸 '데뷔작'이 되었습니다.

헛된 시간은 없습니다.

글로 쓰고 싶은 것은 산처럼 많다

딸애는 고등학교를 졸업하자 도쿄로 상경해 엄마와 살기로 했습니다.

주25) 한국어판은 『망설임의 윤리학 : 성, 전쟁, 이야기에 관하여』, 서커스(서커스출판상회), 2020년 출간. -역주

내가 초등학교부터 고등학교까지 12년간 딸과 함께 사는 '특권'을 누릴 수 있었으니까 엄마도 딸과 함께 사는 행복을 경험할 권리가 있다고 생각해 순순히 보내주었습니다.

물론 그때까지 방학 때마다 딸애는 엄마 사는 곳에 가서 지냈지만, 본격적으로 같이 살기 시작한 것은 열여덟부터입니다.

생활비는 내가 보내줄 테니까 네가 하고 싶은 일을 하라고 말해주었습니다.

딸은 내게 분신과 같은 존재였습니다. 그래도 자식은 언젠가 부모를 떠나고 부모는 자식을 보내주어야 합니다.

2001년 3월에 딸애가 집을 나가고 나는 30년 만에 혼자 살기 시작했습니다.

아시야의 역 앞에 있는 아파트로 이사해 글자 그대로 침식을 잊은 채 책을 읽고 원고를 썼습니다. 혼자니까 아무런 신경을 쓰지 않아도 됩니다. 밤늦게까지 영화를 봐도 됩니다. 볼륨을 높이고 재즈 음반을 틀어도 됩니다. 친구들을 불러 마작을 해도 됩니다. 생각해보면 이러한 무정부적 독신 생활은 스물다섯 이후로 반세기 만이었습니다.

여하튼 글로 쓰고 싶은 것은 산처럼 많았습니다.

『레비나스와 사랑의 현상학(レヴィナスと愛の現象學)』(세리카쇼보[せりか書房], 2001년),[주26] 『잠자리에서 배우는 구조주의(寢ながら學べる構造

주26) 한국어판은 『레비나스와 사랑의 현상학』, 갈라파고스, 2013년 간행. -역주

主義)』(문예춘추[文藝春秋], 2002년),주27) 『타자와 사자(他者と死者)』(가이초샤[海鳥社], 2004년) 등이 그 시기에 내놓은 결과물인데, 기나긴 방학 동안 아침부터 밤까지 숨쉬기조차 멈춘 듯 단번에 써 내려갔습니다.

그 정도로 에너지가 고여 있었던 것 같습니다.

남는 시간은 하늘의 선물

그 후 몇 년이 더 지나자 이번에는 대학의 관리직을 맡아야 할 차례가 돌아왔습니다. 2005년 교무부장에 뽑힌 때에도 '얼마 동안 연구를 포기'하자고 결심했습니다.

내가 부임해왔을 때 선배들은 "젊을 때는 연구에 집중해. 학사 업무는 우리가 할 테니까" 하고 말해주었습니다. 그 대신 내가 선배들 나이가 되었으니 이번에는 젊은 사람들의 연구를 지원해주어야 합니다.

이런 일은 순서가 정해져 있습니다.

내가 딸과 둘이서 '할 일이 없는' 생활을 보낸 까닭은 선배들이 뒤에서 대학을 운영하는 번거로운 일을 해주었기 때문입니다. 이제 내가 그 일을 해야 할 차례가 된 것입니다.

교무부장으로 출근한 첫날 과장에게 '꼭 나가야 할 위원회 목록'을

주27) 한국어판은 『푸코, 바르트, 레비스트로스, 라캉 쉽게 읽기』, 갈라파고스, 2010년 간행. -역주

건네받았습니다. "몇 개나 됩니까?" 하고 물었더니 "47개입니다" 하고 대답해줍니다. 정신이 아득해질 것 같았습니다.

내 연구실은 연구동에 있었습니다만, 회의 준비를 위해 일일이 교무과를 왕래하기 번잡하니까 교무과 안쪽에 있는 교무부장실에 소지품만 가지고 자리를 옮겼습니다.

업무와 강의를 위해 매일 출근했습니다. 회의와 회의 사이, 강의와 강의 사이에 어쩌다가 남는 시간이 있으면, 그 남는 시간은 하늘의 '선물'이라고 생각하고 책을 읽거나 원고를 썼습니다. 그곳에서 책을 읽거나 원고를 쓰고 있자니 마치 '보너스'를 받은 기분이었습니다. 육아 시기에 내가 채용한 규칙 그대로입니다. 이렇게 생각하는 편이 정신 건강에 좋습니다.

'연구가 본업이고 학사 업무는 잡무'라고 생각하면 '잡무에 시간과 에너지를 빼앗겨 본업에 충실할 수 없다'는 생각에 스트레스가 쌓이지만, 꼬리표를 바꾸어 달고 '학사 업무가 본업이고 연구는 취미'로 생각하기로 마음먹으면 가끔 찾아오는 '취미를 누릴 수 있는 시간'이 아주 고맙게 느껴집니다.

따라서 저출생 탓으로 지망자의 감소나 평가 활동의 도입 같은 '대학 개혁'의 움직임 가운데 눈코 뜰 새 없이 바쁜데도 관리직을 맡은 6년 동안 비교적 충실하게 연구성과를 냈습니다.

고바야시 히데오상을 받은 『사가판 유대문화론』(문예춘추, 2006년)도, 신서(新書) 대상을 받은 『일본변경론(日本辺境論)』(신초샤[新潮社],

2009년)[주28)]도 강의 노트를 보강하고 수정한 책입니다. 『거리의 미국론(街場のアメリカ論)』(NTT출판, 2004년), 『거리의 중국론(街場の中国論)』(미시마사[ミシマ社], 2007년), 『거리의 교육론(街場の教育論)』(미시마사, 2008년) 등 '거리의 무슨무슨 론' 연작은 대학원의 '연습' 강의를 녹음해 활자로 옮긴 책입니다.

궁하면 통한다는 말이 있습니다. 책을 쓸 시간이 없으면 강의록이나 강의 때 이야기한 내용을 그대로 책으로 엮자는 발상이 나옵니다. 재주넘기 같은 일이지만 뜻밖에 좋은 결과가 나왔습니다.

꼭 해야 할 일은 '고역'이라고 생각하지 말 것, 이것은 결혼 생활 때 습득한 지혜입니다.

아내는 페미니스트였기 때문에 남녀의 공평한 가사 분담을 중시했습니다.

하지만 가사는 공평하게 분담할 수 있는 것이 아닙니다. 가사에는 해야 할 일, 해두는 편이 좋은 일이 얼마든지 있기 때문입니다.

그것을 전부 목록으로 만들어 100퍼센트 공평하게 분담하려고 하면 항목을 정하고 분담하는 일만으로도 당치 않을 만큼 손이 갑니다.

모든 일에는 '누가 담당해야 할 몫이 아니더라도 누군가는 꼭 해야 할 일'이 반드시 발생합니다. 누가 맡은 일도 아닌 일이니까 하지 않아도 됩니다. 하지만 아무도 그 일을 맡지 않으면 언젠가 돌이킬 수 없는 사태가 벌어집니다. 그럴 때 '이 일은 누가 해야 할 일이었

주28) 한국어판은 『일본변경론』, 갈라파고스, 2012년 간행. -역주

지?' 하고 엄밀하게 따지기보다 누군가 나서서 "아, 그 일은 내가 할게요" 하고 척척 해치운다면 괜한 일이 벌어지지 않습니다.

가사도 마찬가지입니다. 어떻게 공평하게 분담해야 하느냐를 두고 오랫동안 마음 무겁게 협상할 시간이 있으면, 차라리 "아, 내가 할게요" 하고 해치우는 편이 낫습니다.

그러므로 처음부터 '가사는 전부 내가 담당해야지' 하고 내심 결심하는 편이 정신 건강에 득이 됩니다.

상대방에게 기대하지 말고 강요하지 말고 내가 전부 해야지 결심했으니까 상대방이 도와주면 '고맙다'는 기분이 듭니다.

물론 결혼 생활 중에는 그렇게 달관할 수 없었습니다.

이혼하고 나서 가사노동의 짐을 오로지 나 혼자 짊어져야 했을 때 '가사노동의 공평한 분담'을 위해 결혼 생활 가운데 얼마나 비생산적인 말다툼을 했는지 통절하게 깨달았습니다.

가사노동의 양 자체는 한부모 가정이 되고 나서 압도적으로 늘어났습니다만, '이건 네가 할 일이잖아' 하고 누가 명령하거나 확인하는 일이 없으니까 가사노동이 편해졌습니다.

인간을 지치게 만드는 것은 노동 자체가 아니라 노동하는 '시스템'을 설계하고 관리하고 합리화하는 일이라는 사실을 그때 배웠습니다.

칼럼

1966년 히비야고등학교[2]
요시다 시로(吉田城) 군과 아라이 게이스케(新井啓右) 군

요시다 시로 군은 1966년 도쿄도립 히비야고등학교의 입학 동기다.

하지만 내가 요시다 군과 처음으로 말을 주고받은 곳은 고등학교가 아니라 1969년 1월 입학시험을 치르기 며칠 전 교토대학 캠퍼스였다.

그해 도쿄대학이 입시를 중지하자 히비야고등학교의 학생 절반이 교토대학으로 시험을 치르러 갔다. 나는 그 전해에 중퇴했어도 가을에 대입 자격 검정시험에 합격한 덕분에 다행히 동기들과 같은 해에 입학시험을 치를 수 있었다. 나는 혼자 교토에 갔지만 히비야고등학교 제군은 몇 명씩 어울려 함께 왔다. 그중에 아라이 게이스케 군이 있었다.

아라이 군이 동기 중에 최고의 지성이라는 데는 모두 의견이 일치했다. 언젠가 아라이 군이 동시대 일본인 중에도 최고의 지성이라는 사실은 학술 세계든 정치 세계든 반드시 증명해줄 것이라고 동기들은 거의 확신했다.

나는 어쩐지 아라이 군과 친하게 지냈고, 그 덕에 수험 장소를 미리 가볼 때 아라이 군 그룹에 끼어 함께 갔다. 개중에 요시다 시로 군이 있었다. 이때 처음으로 요시다 군과 개인적으로 대화를 나누었다.

그때 무슨 이야기를 나누었는지는 아무것도 기억나지 않는다. 그럴 것이 벌써 40년이나 지난 일인 데다 우리가 교토대학 캠퍼스에 발을 들여놓자마자 화염병이 날아들어 이야기고 뭐고 정신이 없었기 때문이다. 가루눈이 날리는 흐린 하늘에 오렌지색 불꽃 꼬리가 화염병을 따라 포물선을 그리며 날아가는 시계탑 앞 풍경은 무척이나 초현실적이었다. 대학 입시라는 절실한 사안과는 추호도 관계가 없는 듯 보였다.

"정말로 시험을 치르기는 치르는 걸까?" 우리는 근처 다방에서 심각하게 이야기했던 기억이 남아 있다. 늘 그렇듯 아라이 군이 영리하고 차분한 목소리로 "그야 치르겠지, 그야 그렇지" 하고 단정해주었기에 일동은 안심하는 듯했지만, 나는 속으로 '시험 같은 건 없으면 얼마나 좋아!' 하고 생각했다. 고등학교 2학년 때 전교 꼴등까지 성적이 내려갔고, 그 후 검정시험 과목이 열여섯이나 되는 바람에 입시 준비가 엄청나게 뒤처진 나는 '밑져야 본전'이라는 심경으로 교토대학에 지원했기 때문이다.

그때 어떤 이야기를 나누었는지는 하나도 기억이 나지 않지만, 요시다 군과 나는 둘 다 '아라이 군의 친구'라는 점에서 어느 정도 친근함과 경의를 느꼈을 것이다. 우리 동기 사이에 '아라이 군의 친구'라는 자격은 몇몇 한정된 학생만 누릴 수 있는 어떤 지적 특권이었기 때문이다.

동기 고등학생 사이에 경의나 위엄이나 신망이 존재하고, 그것을 바탕으로 섬세한 인간관계가 성립했다는 것은 이해하기 어려울지도 모른다. 요시다 군에 관해 이야기하기 위해 먼저 우리가 다니던 히비야고등학교와 아라이 군에 대해 좀 더 설명하겠다.

그 무렵 히비야고등학교가 어떤 교육이념을 세우고 어떤 프로그램을 운영했는지, 입시 실적은 어떠했는지는 조사해보면 누구나 알 수 있겠지만, 그 당시 그곳을 감싸고 있던 '분위기'를 상상으로 체험해보는 일은 어려울 것이다.

요시다 군과 나는 같은 '분위기'를 15세부터 18세까지 폐부 깊숙이 호흡했다(나는 학교를 그만둔 뒤에도 슬렁슬렁 고등학교에 '놀러' 갔다). 그 '분위기'를 빨아들인 사람들은(본인의 뜻과 상관없이) 어떤 미세한 인격의 특성 같은 것을 공유하기 마련이다. 요시다 군과 나는 그런 것을 공유했다.

히비야고등학교 때문에 우리 몸에 젖어 든 잔류 냄새는 아주 미세할 따름이기 때문에 외부 사람이 그 냄새를 구분하기는 어렵다. 하지만 그 냄새를 맡으며 자란 인간끼리는 금세 알 수 있다. 그것은 '도시 소년의 도시성'과 '강렬한 엘리트 의식'과 '소시민적 쾌락주의(Epicureanism)'을 온통 처바른 듯한 냄새다(이렇게 기술하는 것만으로도 진절머리가 난다).

히비야고등학교에서는 성실하게 수험 공부를 하는 것이 금기였다. 정기 시험 전에 마작을 하자는 반 친구들의 권유를 뿌리치고 "오늘은 일찍 집에 갈게" 하고 말하려면 목숨을 걸 만큼 용기가 필요했다. '공부한 덕분에 성적이 좋은 학생'은 히비야고등학교의 미의식으로 볼 때 '그렇고 그런 학생 나부랭이'에 지나지 않기 때문이다. 노력으로 얻은 지위로 동급생에게 경의를 받을 수는 없다. 시험 직전까지 체육 계통의 클럽에서 밤늦게까지 땀을 흘리거나 문화제를 준비하느라 철야를 하거나 마작이나 당구로 새벽까지 타락과 방종을 일삼거나 프랑스어로 시를 읽고도 뛰어난 성적을 받는 학생이어야 비로소 '히비야다운' 학생이라고 여겨지는 것이다.

꺼림칙한 학교다.

여러분도 그렇게 생각할 것이다.

그러나 '꺼림칙한 학교'라고 생각하는 자체가 '도시 소년 히비야고등학생'에게는 받아들이기 어려운 굴욕이기 때문에 당연하게도 학생들은 '미움을 받지 않는' 방법도 숙달해 있었다. 그것은 '신비화(mystification)하지 않는 척하는 신비화'다.

"우리는 아무것도 깊이 생각하지 않아요. 다만 웬만큼 분위기에 맞추어 좋을 대로 지낼 뿐이지요. 성적 따위…… 아무래도 상관없어요." 이렇게 산뜻하게 웃는 얼굴로 얌전하게, 게다가 아주 호감 있게 자기를 내보일 수 있는 것이 '진짜 히비야고등학생'의 조건이었다.

450명 동기생 중에 그런 식으로 재치 있게 행동할 수 있는 학생은 손가락으로 꼽을 정도였다. 요시다 군은 아라이 군이나 시오노야 야스오 군(塩谷安男, 변호사), 오구치 가쓰지 군(小口勝司, 쇼와대학 이사장)와 더불어 내가 그런 목록에 넣을 수 있는 소수의 히비야고등학생이다.

그런 목록에 이름을 올렸다고 해서 딱히 좋은 일인 것도 아니고 딱히 나쁜 일인 것도 아니다. 내가 그런 목록에 이름을 올린 학생들을 떠올리는 까닭은 따로 있다. 히비야의 '분위기'나 '그곳만의 기압' 같은 것과 마주쳤을 때 그들은 그것을 '알아채지 못하거나,' '굳이 거스르려고' 하지 않았다. 다만 가볍게 어깨에 힘을 빼고 '상관없다는' 선택지를 채용할 수 있었다. 나는 그 소년들의 재치 있음을 사랑했다.

나는 히비야고등학교에 들어가 난생처음으로 '재치 있는 소년들'을 보았다. '재치 있음'은 개념도 아니고 전체적인 가이드라인이 있는 것도 아니다. 그것은 가까이에 '재치 있는 어른'을 보고 자란 아이들이 자연스럽게 몸으로 익힌 자질이고, 본인의 노력으로 어떻게 해볼 수 있는 것이 아니다.

내가 그들의 재치 있음을 사랑한 것은 내게 그런 것이 없었기 때문이다. 나는 '산뜻하게 웃는 얼굴'이나 겸허함이나 신비화와는 무관한 사람으로 노골적으로 상승을 꿈꾸는 계층, 즉 '굳이 말하자면 께름직한' 중하류 계층의 자식이었다. 나는 '히비야고등학교의 분위기'에 엄니를 드러냈다가 결국에는 쫓겨나고 말았는데, 이 같은 탈락의 최대 원인은 내가 '이대로 가면 저놈들을 이길 수 없겠다'는 초조함 때문이었다.

죽을 만큼 공부하면 그들 수준까지 성적을 올릴 수는 있을지 모르지만(아니, 역시 무리였다), 틈틈이 도시의 향락도 즐기는 동시에 심사하는 시선으로 소년들을 선별하려는 어른들 앞에서 산뜻하게 웃는 얼굴을 내보일 수 있는 대담한 곡예가 내게는 절대로 가능하지 않아 보였기 때문이다.

어떻게 해볼 도리가 없어서 나는 '재치 없는 인간만 할 수 있는 일'(중졸 신분으로 노동하기)을 선택해 자존심을 지키려고 했다. 물론 그렇게 해서 '그들'을 이긴 것은 아니다. '패배'를 하지 않았을 뿐이다.

그런데도 내 마음속에는 '히비야고등학교의 분위기'가 계속 남아 있다는 것을 안다. 그것은 한번 빨아들이면 벗어날 수 없는 종류에 속한다. 무엇보다 내가 탈락했다는 사실 자체가 '히비야고등학교의 분위기'를 깊이 들이마신 효과임을 증명한다. 도시적인 신비화를 통해 본심을 숨기는 일이나 자연스러운 행동거지를 몸에 익히기 위해 얼마만큼 많은 자원이 물밑으로 던져졌는지 아는 사람은 오로지 '하려고 해봤지만 할 수 없었던' 히비야고등학교 학생들뿐이다.

(2006년 12월 18일)

제3장

살아가는 데
가장 중요한 능력

홈페이지를 개설하다

인터넷 홈페이지를 운영하기 시작한 때가 언제인지 확실하게 기억나지 않지만, 한신(阪神) · 아와지(淡路) 대지진 후인 1996년이나 1997년쯤이라고 생각합니다.

나는 전자 소프트웨어라면 사족을 못 쓰기 때문에 Windows 95가 나왔을 때 바로 샀습니다. 실제로 인터넷으로 데이터베이스를 검색하거나 이메일을 주고받을 수 있다는 것은 미니텔(Minitel)[주1]로 이미 경험한 상태였지요.

젊은 사람들은 미니텔을 모르겠지만 1980년대에 프랑스가 개발한 전화회선을 이용하는 데이터베이스입니다.

도쿄도립대학 연구실에 미니텔 DM(direct mail)[주2]이 왔을 때 그것을 읽고 관심이 솟구쳐 회사에 전화를 넣었더니 영업자가 와서 상품 설명을 해주었습니다.

미니텔 본체는 필립스가 만든 장난감 같은 기계였지만, 15,000건 데이터베이스를 검색할 수 있고 미니텔끼리 이메일을 주고받을 수 있다는 것이 자랑거리였습니다.

다만 프랑스어가 기본 언어라서 프랑스어를 할 줄 아는 사람이 아

주1) 프랑스 텔레컴(France Telecom)의 비디오텍스 및 이메일 서비스용으로 개발된 단말기. -역주

주2) 상품 카탈로그 등을 구입할 가능성이 있어 보이는 개인에게 직접 우편으로 보내는 선전 방법. -역주

니면 사용할 수 없습니다. 따라서 일본의 모든 대학 불문과 연구실에 DM을 보냈던 것입니다.

"미니텔이 들어간 곳이 있나요?" 하고 물었더니 "도호쿠(東北)대학 불문과 연구실에 팔았어요" 하고 가르쳐주었습니다.

당장 연구실 회의를 열어 선생님들을 설득해 도쿄도립대학은 일본에서 정식으로 미니텔을 도입한 두 번째 불문과 연구실이 되었습니다.

미니텔에는 Alire, 말하자면 오늘날 Amazon의 책 카탈로그와 비슷한 데이터베이스가 있었습니다.

일본에서는 신용카드 결제 시스템을 사용하지 않은 탓에 데이터베이스를 보고 '아! 이런 책이 나왔구나!' 하고 알 수 있을 뿐이었지만, 프랑스의 책방에서 매달 보내주는 카탈로그를 처음부터 넘기며 읽는 것과는 아주 달랐습니다. Téléthèse라는 데이터베이스를 통해 프랑스의 대학에 제출한 박사논문의 초록을 읽을 수 있었습니다.

이제 놀라운 시대가 되었다고 느꼈지만, 선생이나 다른 조교는 관심을 보이지 않습니다. 결국 나 혼자 사용하는 형국이 되어 연구실에 가면 책상 위에 뜸직하게 자리를 차지하고 있는 작은 단말기 앞에 앉아 회색 화면에 녹색 글자로 떠오르는 프랑스어를 탐독했습니다.

미니텔은 실로 선구적인 네트워크 시스템이었는데, 1990년대 미국의 인터넷에 밀려나 IT 기술의 역사 저편으로 사라졌습니다. 어하튼 나는 소수에 지나지 않은 일본의 미니텔 사용자였습니다.

미니텔은 이윽고 서비스를 중지했습니다. 그 대신 인터넷이 등장해 다양한 일이 가능하다는 소식을 전해 듣고는 그런 쪽에 정통한 학생 후지이 군에게 "인터넷 홈페이지라는 것을 해보고 싶어" 하고 부탁했더니 홈페이지를 만들어주었습니다.

이런 분야에 관한 한 나는 '떡은 떡집' 주의입니다. 그 분야에 정통한 사람에게 통째로 맡깁니다. 그 대신 그 사람이 못하는 일을 내가 힘 안 들이고 할 수 있다면 그 사람 대신 내가 해줍니다. 떡은 떡집 주인이 빚고, 생선은 생선가게 주인이 회를 뜨는 식으로 분담하는 편이 '혼자서 뭐든지 할 수 있어!'보다는 훨씬 효율적입니다. 무엇보다 다양한 특기가 있는 사람과 사귈 수 있으니까 즐겁지 않습니까.

당시 대학 3학년이었던 후지이 군은 졸업 후 도쿄로 이사 갔지만, 지금도 개인 'IT 비서실장'으로서 내 주위에 있는 '비서실 사람들'(개풍관 멤버들)에게 지시를 내리고, 고베에 있는 내게 IT 환경을 원격 조종해줍니다. 나는 오랫동안 그녀 덕분에 인문계 연구자로서는 예외적으로 고성능 정보 환경에서 일할 수 있었습니다.

새로 나온 기계를 매우 좋아하긴 합니다만, 기계 메커니즘에는 무지합니다. 애초에 컴퓨터, 카메라, 오디오, 내연기관 같은 기계가 어떤 원리로 작동하는지도 이해하지 못합니다. 기계를 사용하기 좋아하니까 이리저리 만지다 보면 고장을 냅니다. 하지만 고치는 방법은 알지 못하지요. 빈틈 투성이에 조심성 없는 인간입니다.

컴퓨터가 작동하지 않으면 곧바로 혼란 상태에 빠져 허둥지둥 근처에 사는 'IT 비서'에게 SOS를 칩니다.

그러면 우선 "선생님, 그렇게 당황하지 마시고요. 우선 콘센트에 전원이 제대로 연결되어 있는지요?" 하고 묻습니다.

이런 수준입니다.

발신하고 싶은 내용을 잇달아 올리다

1990년대 말에 인터넷 홈페이지를 시작한 이유는 발신하고 싶은 내용이 모래알만큼 있었기 때문입니다.

학술논문은 학내 정기 간행물에 투고하지만, 그 밖에도 쓰고 싶은 것이 얼마든지 있었습니다. 우선 이제까지 써낸 논문과 강의 노트를 홈페이지에 올리고, 신변잡기를 쓰고, 책을 읽으면 서평을 쓰고, 영화를 보면 영화평을 쓰고, 음악을 들으면 음악평을 쓰고…… 온갖 것을 인터넷에 공개했습니다.

지금도 '우치다 다쓰루의 연구실(内田樹の研究室)'이라고 검색하면 화면 위쪽에 'SITE'라든지 'BLOG'라든지 'ARCHIVES'라는 배너가 있습니다. 이 배너를 클릭하면 지나간 콘텐츠를 볼 수 있습니다.

ARCHIVES 중에 '나가야(長屋)'는 아직 자기 부담으로 홈페이지를 개설한 사람이 소수였던 시대에 내게 보내온 에세이를 내 사이트에 올린 글입니다. 글쓴이 중에는 이 사실을 아는 사람도 있고 모르는 사람도 있습니다.

일기와 칼럼은 나중에 『망설임의 윤리학』 등 여러 단행본에 재수

록했습니다. 그 무렵 마구 써내려간 영화평은 거의 전부 『노래하는 씨네 클럽—거리의 영화론(うほほいシネクラブ—街場の映畫論』(文春新書, 2011년)에 재수록했습니다.

영화는 대학 강의에서도 꽤 비중 있게 다루었습니다.

고베여학원대학은 말할 것도 없고 다른 대학에서도 한때는 집중 강의의 주제로 영화론만 다루었습니다.

보통 90분 강의라면 영화를 보고 나서 영화에 대한 이야기를 나누는 일이 불가능합니다. 시간이 부족하니까요. 그렇지만 집중 강의라면 시간이 충분합니다. 오전에 우선 내가 다룰 작품의 영화사적 의의와 '볼거리'에 대해 이야기하고, 그 후 다 같이 영화를 보면 점심 시간입니다. 오후에 영화의 세부를 파고들어 감추어진 메시지를 읽어내는 방식입니다.

그렇게 하루 한 편씩, 닷새 동안 집중 강의를 진행하면 영화 다섯 편을 해독합니다.

일단 무슨 이야기를 할지 준비해서 강의에 나가지만, 영화를 보는 동안이나 학부생 · 대학원생 제군과 이야기하는 동안에 새로운 해석 가능성이 연달아 떠오릅니다. 그러면 밤에는 호텔 방에 틀어박혀 그날 떠오른 생각을 스마트폰에 딸깍딸깍 적어넣습니다. 이때 정리한 집중 강의의 노트는 나중에 『영화의 구조 분석(映畫の構造分析)』(쇼분샤[晶文社], 2003년)으로 엮어냈습니다.

출판사에서 연락이 오다

인터넷 홈페이지가 상정하는 독자는 형님과 히라카와 가쓰미 군, 이렇게 두 사람이었습니다. 이 두 사람에게 읽으라고 쓴 것이나 마찬가지입니다. 이들이 읽고 '재미있다'고 말해주느냐 아니냐가 내가 써낸 글을 평가하는 실마리였습니다.

하지만 어느샌가 입소문으로 '홈페이지에 재미있는 글을 쓰는 사람이 있다'는 소문이 퍼지더니 점점 독자가 늘어났습니다.

그 독자 중에 마스다 사토루(増田聡) 군이 있었습니다. 당시 오사카대학의 대학원생이자 대중음악 미학의 전문가였고, 그 자신도 컬트(cult) 성향의 인기 있는 홈페이지를 운영하고 있었습니다.

마스다 사토루 군이 자신의 홈페이지에 이렇게 소개해주었습니다. "고베여학원대학 교수 우치다 다쓰루의 사이트! 감히 말하건대 가장 올바르게 세계를 대하는 방식이 여기에 있다. 나는 이런 어른이 되고 싶다." 이 덕분에 독자가 우르르 몰려왔습니다.

마스다 사토루 군의 홈페이지 애독자 중에 우치우라 도오루(內浦亨)이라는 사람이 있었습니다.

교토에 사는 그는 평일에 컴퓨터 관련 일을 보고 주말에만 집에서 '도큐샤(冬弓舍)'라는 출판사 일을 하는 기특한 젊은이였습니다.

마스다 군의 홈페이지를 통해 나를 알고 나서, 그는 홈페이지에 실은 콘텐츠를 모조리 읽은 다음 편집을 거쳐 책으로 내자는 기획을 안고 나타났습니다. 그때가 2000년 여름 무렵이었다고 기억합니다.

그의 연락을 받고 우리는 우메다(梅田)에 있는 기노쿠니야(紀伊國

屋) 서점에서 만나기로 했습니다.

우치우라 씨는 당시 스물예닐곱이었다고 생각합니다. 그런 나이에 무명의 저자가 쓴 글로 팔릴지 안 팔릴지도 모르는 책을 내겠다는 것입니다.

그 전에 나도 번역서는 몇 권 냈습니다.

에마뉘엘 레비나스의 『곤란한 자유(困難な自由)』와 『탈무드의 네 가지 강독(タルムード四講話)』(둘 다 국문사[國文社]) 등과 유대교 관련 책을 몇 권 번역했고, 중학교 친구인 영화 작가 마쓰시타 마사키(松下正己)와 공저 『영화는 죽었다(映畵は死んだ)』, 대학 동료 나바에 가즈히데(難波江和英)와 공저 『현대사상의 퍼포먼스(現代思想のパフォーマンス)』(송백사[松栢社], 2000년)는 자비 출판으로 냈습니다(후자는 나중에 고분샤[光文社]신서로 나왔습니다).

그러므로 우치우라 씨의 오퍼도 출판사와 저자가 경비를 분담하자는 이야기라고 생각했습니다.

"비용은 반씩 분담할까요?" 하고 제안했지만, 우치우라 씨는 전액 도큐샤가 부담하겠다고 말합니다. 잘 팔 자신이 있다고요.

이렇게 말해주니 기뻤습니다.

책 표지 그림은 죽마고우 야마모토 고지 화백에게 부탁했습니다.

이렇게 나온 책이 『망설임의 윤리학』입니다. 2001년 3월에 나왔습니다. 딸애가 집을 나가 도쿄에 간 것과 동시에 '문필가'의 생활이 시작한 것입니다.

뜻밖에도 이 책이 잘 팔렸습니다.

무명 저자에 출판사는 영업 능력이 없는 일인 출판사입니다. 일반적이라면 서점에 책이 깔릴 틈도 없이 반품당할 책이었지만, 어쩐 일인지 잘 팔릴뿐더러 띄엄띄엄 서평도 나왔습니다.

최초로 반응한 집단은 편집자였습니다. '새로운 유형의 저자'가 뜻밖의 곳에서 등장한다는 사실을 그들은 직업 경험상 알고 있습니다.

빨리 반응을 보여준 사람이 쇼분샤(晶文社)의 안도 아키라(安藤聰), 의학서원(医學書院)의 시로이시 마사아키(白石正明), 『미트 리저널(ミーツ リージョナル, Meets Regional)』이라는 간사이의 타운 매거진(town magazine)을 내던 고 히로키(江弘毅)입니다.

책을 내자마자 원고를 의뢰한 것이 바로 이 세 사람입니다.

쇼분샤의 안도 아키라도 『망설임의 윤리학』과 비슷한 수법, 즉 방대한 홈페이지 콘텐츠 가운데 편집자의 판단으로 고른 텍스트를 정리해 단행본으로 엮는 방식을 선택했습니다. 안도 씨는 자기 나름대로 생각한 콘텐츠가 있어서 새로 쓰라고 부탁받은 원고도 있었습니다. 이렇게 엮어낸 책이 『'아저씨'의 사고(「おじさん」的思考)』(소분샤, 2002년)입니다.

의학서원의 시로이시 씨는 내가 아사히컬처센터에서 강의한 신체론 강좌를 녹취해 곧바로 책 한권으로 완성했습니다(『죽음과 신체(死と身体)』, 의학서원, 2004년).

고 히로키 씨는 당시 『미트 리저널』이라는 간사이 정보지의 편집장을 지내고 있었는데, 나는 월간지에 칼럼을 연재했습니다. 칼럼 연재에 고 히로키 씨는 '거리의 현대사상'이라는 제목을 붙여주었는

데, 그 연재는 나중에 『기간 한정의 사상(期間限定の思想)』(소분샤, 2002년)과 『거리의 현대사상(街場の現代思想)』(NTT출판, 2004년)에 재수록했습니다.

『망설임의 윤리학』과 『'아저씨'의 사고』는 둘 다 이미 인터넷에 공개한 터라 누구나 무료로 읽을 수 있는 글이지만, 편집자의 감각으로 텍스트를 편집해 책 형태로 완성했습니다. '재료'를 제공한 사람은 나지만 '요리'를 만든 사람은 편집자들입니다.

이와 같은 경험을 통해 같은 저자의 소재라도 편집자의 개성에 따라 감촉도 다르고 분위기도 다른 책이 만들어진다는 것을 알았습니다.

과연 책을 만드는 일은 글 쓰는 이와 편집자의 공동 작업입니다. 뛰어난 편집자는 (자기 자신도 잘 모르는) 나의 '다른 측면(another side)'을 드러내줍니다.

그렇게 말하고 보니 획기적인 저서는 하나도 빠짐없이 개성 풍부한 편집자들의 참신한 발상과 열렬한 격려(그리고 독촉)로 완성되었습니다.

『잠자리에서 배우는 구조주의』(분슌신서, 2002년)은 시마즈 히로아키(嶋津弘章) 씨, 『너무 피곤해서 잠들 수 없는 밤을 위하여(疲れすぎて眠れぬ夜のために)』(가도카와서점[角川書店], 2003년)은 야마모토 히로키(山本浩貴) 씨, 『갑자기 시작하는 정토신종(いきなりはじめる浄土眞宗)』(혼간지출판사[本願寺出版社], 2005년)은 후지모토 마미(藤本眞美) 씨, 『선생님은 훌륭해(先生はえらい)』(치쿠마 프리마신서[ちくまプリマー新書],

2005년)은 요시자키 히로토(吉崎宏人) 씨, 『사가판 유대문화론』(분슌신서, 2006년)은 야마시타 나오(山下奈緒) 씨, 『무라카미 하루키를 조심하세요(村上春樹にご用心)』(아르테스 퍼블릭[アルテスパブリッシング], 2007년)은 스즈키 시게루(鈴木茂) 씨, 『일본변경론』(분슌신서, 2009년)은 아다치 마호(足立眞穗) 씨, 『곤란한 성숙(困難な成熟)』(야간비행[夜間飛行], 2015년)은 이노우에 다쓰야(井之上達矢) 씨, 그리고 『거리의 현대사상』 시절부터 오랫동안 교류해온 미시마 구니히로(三島邦弘) 씨……
일일이 다 손꼽으면 한이 없습니다. 그런 점에서 나는 공저자로서 우수한 편집자와 만나는 행운을 누렸습니다.

도코 한 곳에만 집중하지 않기에 이르다

나는 상당히 '대기만성' 저자입니다.

2001년부터 본격적으로 책을 내기 시작해 올해 18년째인데, Wikipedia에 따르면 그동안 발간한 책이 단행본 52권, 공저 60권, 인터뷰집 등 5권(2019년 6월 현재)이라고 합니다(단행본의 약 70퍼센트를 문고로 재간행했는데, 문고로 낼 때 '보너스 글'을 덧붙였기 때문에 '판본이 다른' 것까지 셈에 넣으면 아마 200권쯤 되지 않을까 합니다).

18년 동안 이만큼이나 썼다는 것은 대단한 행보입니다. 책이 자주 나올 때는 '월간 우치다'를 넘어서 '주간 우치다' 상태가 되기도 합니다(출판사는 주로 4월과 10월에 책을 내고자 원하기 때문에 원고를 보낸 시기는 제각각이지만 책이 나오는 시기는 겹치고 맙니다).

어떻게 이토록 열렬한 속도로 책을 냈는가 하면, 우선은 물론 12년 동안 한부모 가정을 꾸리며 육아와 가사를 우선한 탓에 이야기하고 싶은 내용이 잔뜩 쌓여 있었기 때문입니다.

게다가 인터넷 보급이라는 뜻밖의 과학 기술 진보로 인해 나처럼 '어느 곳에서도 원고를 의뢰하지 않는 저자'에게도 떠오르는 생각을 모조리 토해낼 수 있는 기회가 주어졌습니다.

이는 진정 획기적인 전환점입니다.

이와 동시에 인터넷을 통해 이제까지 저자의 모집이 거의 도쿄 한 곳에만 집중했다는 사실이 훤히 드러났습니다.

도쿄가 아닌 곳에 사는 학자는 웬만큼 탁월한 업적이 있거나 매스컴이 주목하는 분야를 다루지 않으면, 상업 출판사가 눈길도 주지 않습니다.

이렇게 도쿄 한 곳에 집중하는 사정은 내가 도쿄에서 간사이로 이주하면서 실감했습니다.

앞에서도 말한 바와 같이 1980년대에는 사상계 잡지 쪽에서 원고의뢰가 계속 왔지만, 간사이로 이사하자마자 짤깍 원고 의뢰가 끊어졌습니다.

원고는 전화로 의뢰를 받고 집필이 끝나면 우편이나 팩스로 보내면 되니까 저자가 도쿄에 살든 지방에 살든 별 상관없지 않을까 싶은데, 편집자들의 생각은 다른 듯합니다.

간사이로 이주하고 나서 얼마 안 되었을 무렵 도쿄에 살 때 약속

한 일거리를 받으러 고베까지 온 어떤 편집자가 "고베까지 내려오기는 태어나서 처음입니다" 하고 절절하게 여행의 피로를 하소연한 적이 있습니다. 그리고 "일을 잘하는 편집자는 야마노테선(山の手線)[주3] 안쪽을 벗어나지 않는답니다" 하고 말하며 쓴웃음을 지었습니다.

과연 그렇구나!

그야 그렇겠지요. 진보초(神保町)[주4]에서 택시로 천 엔이 안 나오는 곳에서 일을 전부 볼 수 있는 편집자가 '일 잘하는 편집자'이겠지요.

그렇다면 간사이에 이주한 다음 원고 의뢰가 뚝 끊긴 현상도 이상할 것 없습니다.

1990년에 간사이로 옮기고 나서 『망설임의 윤리학』이 나오기까지 11년이 걸렸고, 그 동안 상업 잡지의 원고 의뢰는 『주간 독서인』과 『독서신문』의 서평 의뢰가 있었을 뿐입니다(둘 다 유대교 관련 서적의 서평이었습니다. 누군가 이스라엘 문화연구회의 선배가 "우치다에게 부탁해보면 어떨까요?" 하고 말해준 덕분이겠지요).

그렇다고 문제가 있다는 말은 아닙니다.

하지만 도쿄 이외의 지역에도 재미있는 작업에 몰두하는 사람이 적지 않습니다. 새로운 필자를 발굴하는 데 의욕이 있는 편집자는 아주 적습니다. 그래서 지방 대학에서 일하는 내 친구들이 도쿄의 출판사에서 책을 내는 일은 극히 드뭅니다. 때때로 친구가 부탁해

주3) 도쿄의 중요 역들을 두루 지나며 연결하는 순환선. -역주

주4) 일본 도쿄에 유서 깊은 160개 고서점이 들어선 세계 최대 규모의 밀집형 서점 거리. -역자

아는 출판사에 원고를 보여주고 의향을 물어보는 일이 있습니다. 하지만 "음, 재미있기는 한데요. 하지만 작가가 무명이라서……" 하고 말꼬리를 흐리고 맙니다. 그야 무명이지요. 도쿄의 매체에는 눈에 띄지 않는 이름이니까요. 언젠가 기회를 얻어 매스컴에 나오지 않는다면 지방 대학의 선생들은 언제까지나 무명일 따름입니다.

여하튼 나는 인터넷이 없었다면 직업적으로 글 쓰는 사람이 되지 못했을 것입니다. 그것은 확실합니다. 레비나스의 저작이나 연구서를 번역한 책은 몇 권쯤 냈을 테고 연구 논문도 자비 출판으로 몇 권은 냈겠지만, 몇몇 사람에게 "재미있는 글을 썼네요" 하는 말을 듣고는 그것으로 '끝'이었겠지요. 그렇게 생각하면 인터넷을 향해 고개를 숙일 따름입니다.

비판하기보다 칭찬한다

책을 많이 낼 수 있는 이유

내가 쉬지 않고 책을 낼 수 있는 이유는 이제까지 써놓은 글을 거의 전부 인터넷에 올린 덕분에 편집자들이 그것을 가지고 각자 기호에 맞게 '자기가 만들고 싶은 책'을 만들 수 있었기 때문입니다.

'아직 사용하지 않은' 저작물이 잔뜩 있었을뿐더러 거기에 1990년대 말에 홈페이지를 운영하기 시작하고 나서는 매일 일기를 썼으니까 이것도 차곡차곡 쌓여갔습니다. 나는 이런 스타일을 버나드 쇼(George Bernard Shaw)[주5)]에게 배웠습니다.

버나스 쇼는 『타임스(*Times*)』[주6)]에 '독자에게 온 편지'에 그날그날 생각난 것을 매일 써서 투고했다고 합니다.

『타임스』로서는 버나드 쇼 선생이 매일 부탁하지도 않은 원고를 무료로 보내주니까 고마워했습니다. 하지만 매일 게재할 수는 없으니까 적당히 간격을 두고 실었습니다. 한편 버나드 쇼는 매일 투고하는 원고를 복사해두었다가 적당한 수가 채워지면 출판사에 들고 가서 단행본 에세이집을 냈습니다.

얼마나 현명한 방법이냐고 감탄한 나머지 나도 이런 방식을 답습해보기로 했습니다.

주5) 1856~1950. 영국 아일랜드 출생의 극작가 겸 소설가이자 비평가이자 사회주의자로 온건좌파 단체인 페이비언협회를 설립했다. 걸작 『인간과 초인』으로 세계적인 극작가가 되었고, 1925년 노벨문학상을 수상했다. -역자

주6) 1785년에 창간한 런던의 신문으로 세칭 '런던 타임스'라고 부른다. -역주

인터넷 일기의 좋은 점은 자수 제한이 없다는 것입니다. 어떤 주제라도 좋고 몇 자를 써도 좋습니다. 글을 쓰는 도중에 '앗, 수업 시간이 되었으니까 오늘은 여기까지 쓰자' 하고 뚝 중단한들 아무도 불평하지 않습니다.

원고료를 받지 않으니까요. 내용도 그렇고 글쓰기 방식도 그렇고 누구의 시선도 아랑곳없이 쓸 수 있습니다.

그렇게 10년쯤 매일 하루도 거르지 않고 일기를 쓰다 보니 방대한 양의 글이 쌓였습니다. 이만큼이면 단행본을 몇 권 낸다 한들 차고도 남습니다.

지금도 인터넷에 비축해놓은 '미사용 텍스트'는 단행본으로 엮어도 몇십 권 분량이지 않을까 싶습니다. 활자로 인쇄할 만한 가치가 있는지 없는지는 차치하고, 분량으로 보면 그렇습니다.

또 하나 텍스트 다산의 비결은 '강의안을 책으로 엮는' 방법을 취하는 데 있습니다. 『사가판 유대문화론』이나 『잠자리에서 배우는 구조주의』와 같이 강의 노트를 바탕으로 가필하여 책으로 엮기도 하고, 강의 녹취를 받아적고 그 내용을 수정해 책으로 엮기도 했습니다.

세미나에서는 참가 학생의 발표나 토론도 있습니다. 그럴 때는 학부생 · 대학원생의 발언 부분은 생략하고 그들의 발언에 영감을 받아 내가 이야기한 부분만 받아 적어 '새로 이야기하기' 같은 스타일을 취했습니다.

이렇게 시도하길 잘했다고 봅니다.

무엇보다 학생들 사이에 긴장감이 감돕니다. 강의실에 편집자가 배석하여 교단에 마이크를 설치하니까요.

교수도 물론 긴장합니다만 세미나 발표자들은 성심을 다해 열심히 공부해왔습니다.

남의 이야기에서 아이디어가 생겨난다

대담집도 꽤 있습니다. 출간한 책 중 약 4분의 1이 대담집이 아닐까요. 많은 편이라고 봅니다.

세상에는 대담에 서투른 사람도 있지만 나는 대담을 좋아합니다.

대담에 서투른 사람이란 아마도 '꼭 말하고 싶은 것이 있는' 사람이 아닐까 합니다.

상대가 어떤 화제를 던지더라도 자기가 관심 있는 주제 쪽으로 끌어당겨 어떻게 해서든 자기가 하고 싶은 말을 하려고 하는 사람 말입니다.

인지상정으로 보면 당연한 일입니다.

하지만 그렇게 매번 '내가 말하고 싶은 바'를 말하면 대담 상대가 바뀌더라도 자기가 이야기하는 내용은 별반 달라지지 않습니다. 그러면 본인이 따분해집니다.

나는 남의 이야기를 듣기 좋아합니다. 특히 내가 전혀 알지 못하는 분야의 전문가 이야기를 듣기 좋아합니다.

평소에도 그렇습니다. 결혼식 피로연 자리에 나갔는데 전혀 다른 분야에 종사하는 사람과 옆자리에 앉을 때가 있습니다. 그럴 때 그 분야에서는 지금 어떤 일이 일어나고 있는지 결국 물어봅니다. 내가 눈을 반짝이며 이야기를 듣고 있으면 상대방도 그 나름대로 열의를 다해 이야기해줍니다.

그러는 동안 문득 정신을 차린 듯 "이런 이야기, 재미있나요?" 하고 의아한 표정을 짓습니다.

그런 일이 꽤 자주 있습니다.

나는 모르는 분야의 이야기를 듣는 것이 즐겁습니다. 이야기를 듣는 동안 나도 자극을 받아 "지금 이야기를 듣다가 생각난 것이 있는데요……" 하고 그 자리에서 생각을 떠올릴 때가 있습니다.

대학에서도 마찬가지입니다. 교수들이 쉬는 시간에 차를 마시고 있으면 어느샌가 나는 상대가 들고 있는 책에 눈길을 주고는 "그 책, 무슨 책인가요?" 하고 묻거나 "그 자료를 가지고 무슨 이야기를 하나요?" 하고 묻습니다.

상대가 이야기하기 시작하면 꼬치꼬치 캐묻습니다. 그런 식으로 온갖 다양한 지식을 얻었습니다.

대담집이 많은 이유는 이런 식으로 '남의 이야기를 듣기 좋아하기' 때문이라고 생각합니다.

나도 언제나 비슷한 논의를 되풀이하기보다는 이제까지 들은 적 없는 상대의 이야기에 반응하고, '이제껏 한 번도 들은 적 없는 이야기, 이제껏 한 번도 머릿속에 떠올린 적 없는 생각'을 이야기하는 쪽이 즐겁습니다.

지금 막 떠올린 아이디어는 거품이 살아 있는 휘핑크림같이 아주 맛있습니다.

나도 그렇고 상대도 그렇습니다.

따라서 대담할 때는 상대가 전문 지식을 술술 유창하게 이야기해 주기보다는 자신이 쌓아온 박식함 중에서 지금 막 떠오른 거품을 맛보고 싶습니다.

맛있게 거품이 일어나면 "저기, 지금 막 생각났는데요" 하거나 "저기, 근거 없는 이야기이긴 한데요" 하는 식으로 각자 그 자리에서 막 생각난 이야기를 시작합니다.

이것이 대담자나 독자에게 가장 재미있는 지점이 아닐까 싶습니다.

게다가 대담을 계기로 대담 상대와 의기투합해 친해지는 일도 있습니다.

대담 기획 자체는 편집자가 제안하지만, 그 덕분에 줄곧 만나고 싶었던 사람과 만날 수 있습니다.

요로 다케시(養老孟司) 선생을 비롯해 다카하시 겐지로(高橋健一郎), 세키카와 나쓰오(關川夏央), 야하기 도시히코(矢作俊彦), 하시모토 오사무(橋本治), 와시다 기요카즈(鷲田淸一), 미사고 치즈루(三砂ちづる), 나카자와 신이치(中澤新一), 스즈키 구니오(鈴木邦男), 강상중(姜尙中)…… 참으로 많은 사람과 만났습니다. 오타키 에이치(大瀧詠一) 씨와 만날 수 있었던 것도 대담 기획 덕분이었지요.

그 사람의 가장 좋은 점을 본다

"선생님은 일로 만난 사람과 어떻게 이후에도 관계를 지속하시는 거죠?" 또는 "선생님은 어떻게 처음 만난 사람과 금방 친해질 수 있지요?" 이런 질문을 받을 때가 있습니다.

어째서일까요. 잘 모르겠지만 옛날부터 그런 편입니다.

'누구와도 금방 친구가 될 수 있는 것'은 살아가는 데 중요한 능력일 텐데, 확실히 나는 그런 능력이 높은 편입니다.

혹시 요령이 있다고 한다면, 상대방의 가장 좋은 점을 찾아내고 거기에 초점을 맞추어 교제하기 때문이 아닐까 합니다.

어떤 사람이든 다양한 측면이 있습니다. 좋은 점도 있고 싫은 점도 있습니다. 재미있는 점도 있고 시시한 점도 있습니다. 독창적인 점도 있고 평범한 점도 있습니다. 당연히 그렇습니다.

나는 그 사람의 가장 '좋은 점', 가장 '재미있는 점', 가장 '독창적인 점'만 보려고 합니다.

상대도 살아 있는 인간이니까 이러저러하게 올라간 곳도 있고 내려간 곳도 있고 움푹 들어간 곳도 있고 튀어나온 곳도 있습니다.

창작자라면 '이쪽은 걸작인데 이쪽은 좀 아쉽다'는 식으로 들쭉날쭉한 점은 반드시 있습니다.

하지만 상대의 얼굴에 대고 '이런 점은 좀 부족하군' 하고 이야기해봤자 소용없습니다. 본인도 그렇다는 것을 충분히 알고 있으니까요.

비판받거나 질책받은 사람이 비난과 질책 때문에 의욕이 생겨 그다음에 좋은 것을 만들어내는 일은 일어나지 않습니다.

우리는 그들 작품의 향유자이니까 될수록 질이 높은 것을 누리고 싶습니다.

어떻게 하면 창작자가 작품의 질을 높일까요. 그것은 '좋은 점을 칭찬하는' 수밖에 없습니다. 정말 그렇습니다.

그 결과 훌륭한 작품이 나오면 그것을 통해 이익을 얻는 쪽은 우리 자신이니까요.

나는 딱히 '간살부리는 말'을 하라는 뜻이 아닙니다. 불길을 지필 때 부채질을 하거나 후후 바람을 불어넣는 행위와 비슷합니다.

나는 불을 쬐고 싶을 뿐입니다. 따라서 어떻게 하면 불길이 일어날지 생각합니다.

작품을 놓고 '이런 점이 틀려먹었어!' 하고 신랄하게 지적해야 다음에 반드시 좋은 작품이 나온다고 하면, 나도 짬을 내어 단점을 지적하겠습니다.

하지만 인간은 그런 존재가 아닙니다.

다른 사람이 질 높은 성과물을 내어놓길 바란다면 좋은 점을 찾아내 '이거 참 최고군요', '나는 이 부분이 참 좋습니다' 하고 말해주는 편이 당연히 바람직합니다.

적어도 나는 그렇게 생각합니다. 비판을 당하면 기가 죽습니다. 칭찬을 들으면 기운이 납니다. 당연합니다.

폐부를 찌르는 날카로운 비판으로 너덜너덜해지는 까닭은 그 비판이 '들어맞았기' 때문입니다.

하지만 비판이 적절했다고 해서 그 때문에 다음 일에 착수할 때 '자, 잘해보자' 하고 의기충천하지는 않습니다.

똑같은 실패를 되풀이하지 않도록 경계하는 마음은 강해지겠지요. 결점을 보완하려고 노력하겠지요. 하지만 그렇다고 매력적인 부분을 꽃피우지는 못합니다.

절대로 그런 일은 없습니다.

비판받았기 때문에 매력이 늘어나는 일은 없습니다.

왜냐하면 재능 있는 사람의 매력은 '무방비의 성향'과 불가분하기 때문입니다.

한번 깊은 상처를 받으면 '무방비의 성향'은 회복하지 못합니다. 그 사람 작품 속에 있는 '솔직함', '때 묻지 않음', '개방성', '밝음'은 한 번 잃어버리면 두 번 다시 돌아오지 않습니다.

그러므로 어떤 사람에게 아직 발현하지 못한 재능이 있다고 여기면, 어떤 사람이 걸작을 더욱더 많이 창작하길 바라면, 나는 뼈가 바스라지고 피가 흐르는 비판으로 결점을 보완시키기보다는 어떻게 하면 '걸작을 창작할 마음'을 품어줄 수 있을지를 생각합니다.

다시 말하면 경험적으로 보더라도 그러한데, 어떤 사람이 진심으로 재능을 발휘했으면 싶다면 그 사람의 '기존 업적'을 정확하게 평가하기보다는 그 사람이 어쩌면 '앞으로 만들어낼지도 모르는 걸작'을 기대한다는 뜻입니다.

내가 세상에 전혀 이름이 알려지지 않은 사람에게 경의를 표하는 이유는 '이 사람이 앞으로 만들어낼지도 모르는 것'에 대한 기대감을 품기 때문입니다.

이런 일은 대개 척하면 느껴집니다. 재능이 있고 없고는 아직 형태로 드러나지 않았어도 척 보면 압니다.

재능이란 '당신은 재능이 있어요' 하고 뜨거운 기대를 품고 바라보는 눈길이 있을 때 꽃을 피웁니다.

재능은 그곳에 '있다'기보다는 그곳에서 '태어나는' 것입니다.

그러므로 이 세계를 풍부한 재능으로 만들어낸 작품으로 가득 채우고 싶은 마음에 비판보다는 칭찬하고 심사하기보다는 기대하려고 합니다.

나는 지금 창작에 대해 이야기했지만, 교육에 대해서도 똑같은 이야기를 할 수 있습니다.

무리한 결단은 하지 말라

제자와 재혼하다

2001년 봄에 고등학교를 졸업한 딸이 독립해 얼마 동안 혼자 지내다가 2009년에 재혼했습니다.

상대는 고베여학원대학의 제자입니다. 고베여학원대학에서는 교수와 제자의 결혼이 드물지 않습니다. 선배 중에도 독신으로 부임했다가 제자와 결혼한 사람이 몇 명 있습니다.

한부모 가정으로 즐겁게 지내는 동안은 누군가와 다시 결혼하려는 생각을 품지 않았습니다. 무엇보다 딸과 둘이 오붓하게 사는 생활이 마음 편했으니까요.

하지만 딸이 독립하고 나서 슬슬 재혼해도 좋겠다는 생각이 머리를 들었습니다.

독신 생활을 시작하고 재혼하기까지 시간이 걸린 까닭은 아내가 대학 졸업 후 노가쿠시(能樂師)[주7]의 수업을 시작했기 때문입니다.

아내는 노가쿠의 한 분파인 오쿠라류(大藏流)의 소고수(小鼓手)로서 오랜 내제자(內弟子)[주8] 수업 생활로 들어가고 말았습니다. 전통 예능의 내제자라고 하면 연습과 훈련뿐 아니라 선생과 함께 여행하고 무대 관련 일을 돌보고 분장실에서 일을 보는 등 거의 사생활이 없는 것이나 마찬가지입니다.

주7) 133P 주22) 참조.

주8) 스승의 집에 머물며 가사를 도우면서 수업하는 제자. -역주

아내는 입주하지 않고 통근하기는 했으나 선생 댁이 가까워서 거의 매일 들러 선생의 훈련이나 공연 무대를 따라다녔기 때문에 결혼은 도저히 꿈도 꾸지 못했습니다.

10년에 걸친 내제자 수업이 끝나고 전문인으로 독립하면서 스스로 일을 찾아 스스로 일정을 관리하고 자신의 훈련실에서 제자를 가르칠 수 있었습니다.

이리하여 아내의 스승님이 '이제 결혼해도 좋다'고 말씀하시기까지 몇 년이 걸릴지 모르는데도, 나는 무작정 기다렸습니다.

뜨겁게 열망한 일은 이루어진다

오십 대가 끝날 무렵에 선택 정년제를 통해 좀 이르지만 예순이 되면 고베여학원대학을 퇴직하기로 결심했습니다.

퇴직 후에는 무도를 전업으로 삼고 글쓰기를 부업으로 삼기로 했습니다. 그러기 위해 무슨 일이 있어도 스스로 운영하는 도장을 갖고 싶었습니다.

가장 이상적인 형태는 주거와 도장을 겸한 건물입니다. 아내는 노가쿠시였고 나는 노가쿠의 한 분파인 간제류(觀世流)를 오랫동안 배웠기 때문에 다다미 마루를 걷으면 노 무대가 되는 도장이 좋습니다.

'도장을 갖고 싶다, 정말 갖고 싶어' 하고 생각은 했지만, 웬만큼 넓은 도장을 세우려면 토지와 건물을 합쳐 2억 엔이 듭니다. 내게 그만한 돈이 있을 리 없지요.

그래도 '갖고 싶다, 갖고 싶어' 하고 뜨겁게 열망했더니 예기치도 않은 돈이 들어왔습니다.

'뜨겁게 열망한 일은 이루어진다'는 어구는 스승이신 다다 선생의 말씀인데, 참으로 그렇습니다.

우선 쉰 살을 넘긴 때부터 책을 내기 시작하자 대학교수 월급 이외에 인세 수입이 들어왔습니다. 물론 그것만으로 건물을 짓기에는 턱없이 부족합니다.

그런데 2008년 봄에 형님이 자기 회사를 팔겠다는 말을 꺼냈습니다. 예순을 맞이해 은퇴하고는 유유자적하며 살겠다는 이야기였습니다. 리먼 사태[주9)]가 밀어닥치기 전이었으니까 무척 비싼 값에 팔 수 있었습니다.

형님이 회사를 팔겠다는 이야기를 들었을 때는 "아, 그래요? 형님은 세상사를 잊고 편하게 사시겠군요. 부럽습니다" 하는 생각밖에 들지 않았는데, 형님은 "다쓰루 몫도 있어" 하셨습니다.

까맣게 잊고 있었는데 형님이 25년 전쯤 사업을 일으킬 때 나도 부탁받아 출자했던 것입니다.

형님은 내가 출자한 퍼센트만큼 분배해주겠다고 했습니다. 출자금이 30배나 불어서 솔솔치 않은 금액이었습니다.

주9) 미국 투자은행 리먼브라더스(Lehman Brothers)가 모기지 주택담보 투자로 수익을 올리다가 지나친 차입금과 주택 가격 하락으로 2008년 파산 보호를 신청하면서 글로벌 금융위기를 초래한 사건. -역주

어머니는 형님이 요청한 대로 '그냥 주는 셈 치고' 펑펑 출자했기 때문에 여든이 넘어 갑자기 부자가 되셨습니다.

"아무리 돈이 있어도 무덤까지 가지고 갈 수는 없어. 다쓰루가 도장을 갖고 싶다고 하니까 토지 정도는 사줄게." 형님이 이렇게 거들어주셨기 때문에 어머니도 자금 마련을 도와주시기로 했습니다.

내가 형님께 받은 배당과 어머니가 내주신 돈, 그리고 내가 저축한 돈과 퇴직금을 몽땅 부어 넣고 부족한 몫은 은행에서 대출받기로 하고 정산해보니 대충 도장을 세울 수 있을 듯했습니다.

이에 부지를 찾기 시작했습니다.

무도의 도장은 전통적으로 남쪽에 입구가 있고 북쪽이 정면을 향하는 것이 기본입니다. 내가 찾아낸 부지는 남북으로 좁고 길어 도장에는 딱 적합한 토지 형태였습니다. 역에서 도보로 2~3분 걸리는 곳이었지요.

이런 입지라면 통학하거나 통근하는 길에 훈련하러 올 수도 있고, 일을 마치고 역에서 걸어오면 훈련이 끝날 무렵이라도 참여할 수 있습니다.

도장은 아슬아슬하게 건폐율[주10)]을 맞추어 약 35평을 마련할 수 있었습니다. 1층은 도장과 탈의실과 학생실을 두고, 2층은 자택입니다.

건물은 고시마 유스케(光嶋裕介)라는 젊은 건축가에게 설계를 의뢰했습니다.

주10) 대지면적에 대한 건축면적의 비율로, 건축밀도를 나타내는 지표의 하나. -역주

고시마 군과 만나 도장 건설을 진행한 경과에 대해서는 고시마 군의 『모든 이의 집ー건축가 1학년의 첫 작업(みんなの家―建築家一年生の初仕事)』(아르테스퍼블리싱[アルテスパブリッシング], 2012년)주11)과 졸저 『나의 거주론(僕の住まい論)』(신초샤[新潮社], 2012년)에 자세하게 기술한 바 있습니다만, 이 또한 신기한 '인연'에 이끌린 만남이었습니다.

여하튼 여러 사람의 지원과 협력 덕분에 2011년 11월 도장(道場)을 완공했습니다. 이 집은 내가 좋아하는 취미에 맞추어 멋지게 지을 마이홈이라고 했다면, 사람들이 "어머, 그래요?" 하고 딱히 지원하거나 협력해주지 않았을 것입니다(축하 선물로 화분 정도 보내주었겠지요). 남이 옷을 사거나 자동차를 산다는데 굳이 "내가 돈 좀 내줄까?" 하는 사람은 없으니까요.

하지만 도장이라면 이야기가 다릅니다.

도장은 공공건물, 말하자면 '모든 이의 집'입니다.

합기도 문하생들은 이 도장이 완성됨으로써 (이론적으로는) 365일 24시간 훈련할 수 있는 환경을 손에 넣을 수 있습니다. 노(能) 무대는 무도 이외의 행사에도 사용할 수 있습니다(실제로 노가쿠 이외에도 연극, 라쿠고[落語],주12) 나니와부시[浪曲],주13) 기다유[義太夫],주14) 영화…… 다양한 모임이 이곳에서 열렸습니다). 다다미 위에 앉은뱅이 탁자를 늘어놓으

주11) 한국어판은 서해문집, 2014년 간행. -역주

주12) 에도 시대부터 전해오는 하나시게(話芸), 즉 전통적인 이야기 예술. -역주

주13) 샤미센의 반주로 곡조를 붙여서 부르는 일본 전통음악의 장르. -역주

주14) 희곡처럼 쓴 이야기를 샤미센 반주에 맞춰서 중얼중얼 노래하듯이 들려주는 일본 전통음악의 장르. -역주

면 그대로 '서당'이 됩니다.

다시 말해 갖가지 활동의 수익을 받거나 받을 사람들이 건물을 위해 유형무형으로 협력해준 것입니다. 이렇게 많은 사람들이 완성을 바라고 힘을 보태준 건물은 찾아보기 힘들지 않을까 합니다.

완성된 도장의 이름은 '개풍관(凱風館)'이라고 지었습니다.

『시경(詩經)』에 나오는 "남쪽에서 따스한 바람이 저 가시나무 새싹에 불어"라는 구절에서 가져왔습니다.

'개풍'이란 초여름에 남쪽에서 불어오는 바람입니다. 이 바람이 불어오면 가시 돋친 가시나무에 싹이 틉니다.

원래는 고전 노래에서 사랑 노래의 후렴 부분인데, 하늘하늘 바람이 불어오면 굳어진 마음도 활짝 열린다는 구절이 교육기관인 도장 이름으로 잘 어울린다고 생각했습니다.

이 이름은 치과에 가려고 차를 운전하다가 불현듯 떠올랐습니다.

가쓰시카 호쿠사이(葛飾北齋, 1760~1849)[주15)]의 그림 중에 〈개풍쾌청(凱風快晴)〉이라는 명화가 있습니다. 분명 개풍이란 남풍을 의미하고 영어로는 Auster라는 것을 그때 떠올렸습니다.

옛날에 친했던 카피라이터 구보야마 유지(久保山裕司) 군(안타깝게도 젊은 나이에 세상을 떴습니다)이 닛산오스터라는 자동차의 광고 문안으로 "만지로(万次郞), 남쪽 바람이야. 오스터!"를 제안했는데 기각당했다고 분하다는 듯 이야기해준 일도 생각났습니다(그 대신 "남쪽 바

주15) 일본 에도 시대에 활약한 목판화가. 일본 풍경판화 역사의 정점을 이루는 우키요에의 대표 작가로서 모네, 반 고흐 등 서양 인상파 화가들에게 강렬한 인상을 심어주었다. -역주

람, 맑음, 오스터!"라는 얌전한 카피가 나왔습니다). 그 이야기를 들을 때 나도 '만지로가 낭만적이고 더 좋은데' 하고 생각했지요. 이렇게 구보야마 군의 추억도 넣어 개풍관으로 이름을 붙였습니다.

개풍관이라는 이름을 인터넷으로 조사해보니 간사이대학의 역도부가 들어가 있는 건물 이름이 개풍관이었습니다. 음, 혼동하는 사람은 없겠지 하는 마음으로 그냥 결정했습니다.

언제 어디에 내가 있어야 할까

대학을 그만둔 뒤에는 '개풍관 관장'을 주업으로, '글쓰기'를 부업으로 삼을 작정으로 나날을 보냈습니다.

개풍관에는 문하생이 300명이고, 일주일에 엿새는 무도를 훈련하고 주말에는 다양한 행사를 열었습니다. 이 일을 소화해내는 일정만으로도 꽉 차버립니다.

다만 사는 곳에서 직장까지 계단을 내려가기만 하면 된다는 점은 편했습니다. 운이 좋으면 하루에 한 번도 집을 나서지 않아도 됩니다.

나는 본래부터 집에 있기를 좋아해서 가능하면 집을 나가지 않도록 생활합니다. 대학에 재직 중일 때도 집과 대학을 다람쥐 쳇바퀴 돌 듯 오고 갈 뿐이었습니다.

여행도 별로 좋아하지 않고 산책이라든지 훌쩍 드라이브하러 나가는 일이 없습니다(이렇게 말하면 놀라는 사람이 많더군요. 정말입니다). 어딘가 나간다면 볼일이 있을 때뿐이고, 곧바로 최단 거리를 최단 시간에 이동한 다음 볼일이 끝나면 부리나케 귀가합니다.

'무사는 볼일이 없는 곳에 가지 않는다'는 것은 다다 선생의 가르침이기도 합니다.

없어도 될 때, 없어도 될 곳에 있기 때문에 문제가 생기는 것입니다.

〈다이 하드(Die hard)〉에 나오는 존 맥크레인(John McClane) 형사(브루스 윌리스)는 대개 언제나 '좋지 않을 때 좋지 않은 장소에 있었던(in the wrong place at the wrong time)' 탓에 당치도 않은 사건에 휘말리는데, 골칫거리는 실로 부적절한 시간과 장소의 산물입니다.

그러므로 무도가는 '있어야 할 때, 있어야 할 곳'에 있어야 합니다. 볼일이 있을 때는 그곳에 '불려가는' 것이니까 곧장 '불려간' 장소로 '불려간' 시각에 갑니다.

일러서도 안 되고 늦어서도 안 되고 한눈을 팔아서도 안 됩니다. 그런데도 계제에 따라서는 골칫거리 문제에 휘말릴 때가 있습니다. 그렇다면 어째서 자발적으로 건들건들 볼일도 없고 부르지도 않은 곳에 나갈 필요가 있을까요.

어디에 가도 오래 머무를 필요가 없습니다. 볼일이 끝나면 벌떡 일어나 서둘러 돌아옵니다.

'자아를 찾는 여행'이라고 해서 목적지도 없이 떠나는 사람이 가끔 있더군요. 그것은 아마도 볼일이 없는데 여행을 떠나면 거의 체계적으로 곤란에 처하기 때문이라고 봅니다. '다양한 곤란에 연속적으로 마주치는데, 그때마다 손안에 든 자원으로 헤쳐 나가는' 훈련을 위해 여행을 떠났다면 그 논리는 이해합니다.

하지만 난 그런 일은 벌이지 않습니다.

내가 진실로 어떤 인간인가 하는 것은 집에서 책상 앞에 앉아 글을 쓰든, 무도를 훈련하든, 아내와 수다를 떨든 속 깊이 알 수 있으니까요.

'인생을 재설정하기' 전에

인생을 바꾸고 싶다는 소망을 품고 기요미즈(清水)의 무대에서 뛰어내리는 마음으로[주16] 정처 없이 방랑 여행을 떠나거나 컬트 종교에 빠지거나 수상쩍은 건강법을 실천하는 사람이 있습니다.

그렇게 하는 마음은 이해하지만 '인생을 재설정하는 일'은 별로 좋은 것 같지 않습니다.

왜냐하면 그것은 '어딘가에서 재설정하지 않으면 어쩔 도리가 없는 구제 불능의 삶'을 그때까지 살아왔다는 뜻이기 때문입니다. 그것도 훨씬 이전부터 '이대로는 별 볼 일 없는 삶'이 되리라고 알아챈 상태로 아무 조치도 취하지 않고 살았다는 뜻입니다. '이대로 가면 별 볼 일 없겠다'는 느낌이 들 때 지체하지 않고 삶의 방식을 바꾸었

주16) 높은 절벽에 툭 튀어나오게 지어진 기요미즈데라(清水寺) 본당에서 뛰어내리는 행동에 비유해 마음을 다잡고 결단을 내리는 모습을 가리키는 속담. -역주

다면 '기요미즈 무대에서 뛰어내릴' 만큼 대단한 결단은 필요하지 않았겠지요.

나는 스물다섯 살 때 '이대로는 별 볼 일 없는 삶'이라고 느끼고 합기도 훈련을 시작했습니다만, 구체적으로 그 일은 동네에 있는 도장에 해가 지면 매주 이틀씩 다녔다는 변화 정도였습니다.

그러므로 옆에서 지켜보던 사람들은 내가 일으킨 변화를 감지하지 못했다고 봅니다. 그렇지만 결과적으로는 그런 시도가 인생의 결정적인 전환점이 되었습니다.

다다 선생의 문하생으로 입문한 일은 내게 '결단'이 아니었습니다. 그즈음 매일 저녁 들르던 단골 식당으로 가는 길에 다다 선생이 가르치던 지유가오카 도장이 있었을 뿐입니다.

지유가오카라는 거리에 내가 살게 된 사연도 우연이라면 우연입니다만, 우연이 아니라고 하면 우연이 아닙니다.

태어나서 자란 시모마루코(下丸子)라는 동네에서 가장 가까운 번화가는 메카마선(目浦線)의 우라타(浦田), 아니면 도요코선(東横線)의 지유가오카였습니다. 어릴 적부터 장 보러 가는 어머니를 자주 따라갔기 때문에 동네 지리에도 익숙했습니다.

1970년대에는 지유가오카가 급속히 '멋스러운 동네'로 변모했지만, 역 앞을 조금만 벗어나도 아직 잡목림이나 밭이 남아 있는 조용한 주택가였습니다. 학생 시절에 '집을 구하려면 지유가오카 근처가 좋을 것' 같아서 집을 찾아 나섰는데, 마침 저렴한 물건이 눈에 띄었습니다.

단골 식당도 생기고 해서 자주 다니다 보니 어느 날 눈앞에 도장이 딱…… 이런 식입니다. 극적인 요소 같은 것은 어디에도 없습니다.

인연이 이어지면서 그때그때 흐름에 따라 담담하게 살아가다가 문득 정신을 차리고 둘러보니 어릴 적 막연히 상상하던 것과 무척 다른 삶을 살고 말았습니다.

그런 느낌이 듭니다. 그래서 오른쪽으로 갈지, 왼쪽으로 갈지 고민한 적은 이제까지 한 번도 없습니다(이혼할 때도 '아, 더는 무리겠구나' 하는 생각이 들었을 때 곧장 이혼 신고를 해버렸기 때문에 괴롭기는 했지만 고민하지는 않았습니다).

결단이나 선택은 될수록 하지 않는 편이 좋다고 생각합니다. 오른쪽 길로 갈지, 왼쪽 길로 갈지 선택하지 못해 고민한다는 것은 이미 그때까지 잘못된 선택을 숱하게 저질렀다는 사정의 귀결입니다.

평범하게 자연스러운 흐름에 따라 길을 걸으면 '어느 쪽으로 가지?' 하고 고민하는 일은 일어나지 않습니다.

볕이 잘 든다든지, 경치가 좋다든지, 바람이 잘 통한다든지, 쉬기에 적당한 나무 그늘이 있다든지, 이렇게 신체의 '상쾌함'을 기준으로 길을 선택하는 사람은 애초부터 '헤매는' 일이 없습니다.

이런 기준으로 길을 선택한다면, '해가 들지 않고, 경치가 보이지 않고, 날이 흐려 침침하고, 자리를 잡고 앉고 싶은 장소가 없는' 길이 갈림길에 나오더라도 '그 길'을 선택할 리 없습니다. 그 길은 선택지로 아예 의식하지 않고 있으니까요.

그러므로 신체의 기분 좋음을 흔들리지 않는 기준으로 삼고 걸어온 사람은 실제로 온갖 갈림길을 지나왔음에도 주관적으로는 외길 만 걸은 듯 느껴집니다.

나는 이런 상태가 이상적이라고 생각합니다.

자, 앞으로 어느 쪽 길로 가야 좋을지 고민한다는 것은 어느 쪽도 '꼭 선택하고 싶은 길'이 아니기 때문입니다. 한쪽이 확실히 매력적인 선택지였다면 망설이지 않습니다. '오른쪽으로 가면 아나콘다가 있습니다. 왼쪽으로 가면 악어가 있습니다. 어느 쪽으로 가겠습니까?' 같은 경우일 때 망설이는 법입니다. 그런 선택지밖에 보이지 않는다는 것은 그 이전에 이미 '들어서서는 안 되는 갈림길'에 들어서고 말았기 때문입니다.

결단을 내려야 하는 상황에 맞닥뜨렸다는 것은 지금 고민해야 할 '문제'가 아니라 실은 이제까지 해온 행위의 '답'입니다. 지금 처음으로 부딪친 '문제'가 아니라 지금까지 겪은 실패의 축적이 내민 '답'인 것입니다.

따라서 '올바른 결단'을 내려야 한다든지 '궁극적인 선택'을 해야 한다는 것은 그런 상황과 마주쳤다는 뜻일 뿐, 이미 어지간히 '선수를 빼앗겼다'는 뜻입니다.

결단이나 선택은 하지 않는 것이 가장 좋습니다.

'결단하거나 선택하는 일을 평생 하지 않고 살아가는 것'이야말로 무도가가 스스로 경계해야 할 바입니다.

하고 싶지 않은 일은 하지 않는 편이 좋다

지금은 고용 환경이 악화했기 때문에 과로사 직전까지 혹사당하는 사람이 적지 않습니다. 그런 사람은 한번 병에 걸려 쓰러지고 나서야 삶의 방식을 바꾸려고 합니다.

하지만 무사히 병을 고쳐 회복할 수 있으면 다행이지만, 회복이 어려운 상처나 피로를 짊어지고 가야 하기도 합니다. 그렇다면 심각하게 궁지에 내몰리기 전에 후닥닥 도망치는 편이 나았을 것입니다.

좀 미안한 말이지만, 그런 지경에 이르도록 참았다는 것은 신체 감각이 어지간히 둔했다는 뜻입니다. '이런 곳에 있으면 머지않아 죽고 말겠다'는 느낌은 어느 정도 일하기 시작하면 알 수 있습니다. 회사에 나가려고 하면 배가 아프다든지 머리가 아프다든지 자연스러운 신체의 거부반응이 있었을 터입니다. 그것은 '명이 줄어들고 있는' 상황에 대해 신체가 울리는 알람입니다. 신체도 필사적으로 신호를 보낸 것입니다. 그런데도 귀를 막고 최후의 최후까지, 급기야 병에 걸릴 때까지 계속 일합니다.

하고 싶지 않은 일은 하지 않는 편이 좋습니다.

개풍관에서는 문하생들에게 '비가 쏟아져도, 창이 빗발처럼 날아들어도, 기어서라도 훈련하러 오는' 무모한 짓은 해서는 안 된다고 말합니다.

훈련하러 갈 작정이었지만, 아침에 일어났더니 '어쩐지 가고 싶지 않다'는 생각이 들면 그 직감을 먼저 고려하는 편이 좋습니다.

신체가 '가서는 안 된다'고 알람을 울리고 있으니까요. 그럴 때는 신체가 발신하는 신호에 따라야 합니다.

그것을 무시하고 훈련하러 나가면 도장에서 다치거나 인간관계에 문제가 생기거나 길거리에서 뜻하지 않은 사건에 휘말립니다.

당연한 말이지만 신체가 '가고 싶지 않아' 하고 경고를 내는데도 무시하고 이른바 '알람을 끄고' 나가면 센서가 작동하지 않습니다. 따라서 평소에는 금방 알아차릴 일도 알아차리지 못합니다. 남의 동선을 막아서기도 하고, 누가 말을 걸었는데 대답을 못하기도 하고, 농담인데 정색하고 받아들이는 등 그렇게 필요 없는 문제에 걸려 넘어집니다.

그것이 '기회를 보고 자리를 보는 일'입니다. 머릿속에서 생각한 이해관계나 옳고 그름의 판단보다 자신의 직감이 보내는 소리에 따라야 합니다.

어느 쪽으로 가더라도 같은 목적지로 간다

내가 살아온 반생(아니, 인생의 4분의 3쯤 되겠네요)을 이렇게 되돌아보면 도중에 몇몇 갈림길이 있었다는 것을 알 수 있습니다.

하지만 내 인생의 분기점에 섰을 때 어느 길을 선택했더라도 결국은 같은 곳에 도달했을 것 같습니다.

다른 대학에 들어갔더라도, 박사과정에 진학하지 않았더라도, 다른 직업을 가졌더라도, 어느 길을 걸었더라도 지금 내가 사는 모습과 별로 다르지 않겠나 싶습니다.

아까 서술한 대로 만약 마흔이 될 때까지 전임교수 자리가 정해지지 않았다면 불문학자의 길은 포기하고 어번 트랜스레이션으로 돌아가 출판 일에 종사하려고 했습니다. 실제로 그것은 가능성이 높은 선택지였지요.

하지만 대학에 취직하기를 포기했어도 변함없이 합기도를 계속 훈련하고 레비나스를 번역하거나 글을 쓰는 일도 그만두지 않았을 겁니다.

그랬을 때도 예순쯤에 회사를 퇴직했을 때 '아, 앞으로는 합기도를 주된 일로 삼고 글쓰기를 부업으로 삼아볼까……' 하는 말을 중얼거렸을 듯합니다.

'아아, 도장을 갖고 싶구나' 하는 마음도 강렬하게 품었겠지요.

그리고 마흔쯤에 이혼했더라도 똑같이 지유가오카 근처에 살면서 서재의 책장에는 똑같은 책이 꽂혀 있을 테고, 똑같은 영화를 보고 똑같은 음악을 듣고 똑같은 친구들과 놀지 않았을까 싶습니다.

비록 대학교수가 되지 않았더라도 다카하시 겐이치로, 오다지마 다카시(小田嶋隆), 세키카와 나쓰오, 하시모토 오사무, 와시다 기요카즈 같은 사람들과는 반드시 어떤 기회를 통해 만나서 사이좋게 지내지 않았을까요.

다원 우주의 각각 다른 세계에 각각 다른 내가 있다고 해도, 어디에 있든 별반 다르지 않은 인생을 살고 있으리라는 생각이 듭니다.

'인생의 갈림길에 서서 오른쪽으로 갈지 왼쪽으로 갈지 고민하는 일'은 별로 의미가 없습니다.

결국 게가 등딱지에 맞추어 구멍을 뚫듯 우리가 선택하는 인생도 자기 그릇에 맞는 것일 수밖에 없습니다.

나는 스물다섯 살에 합기도에 입문함으로써 '이것 때문에 통제하지 못했던 자기 자신을 선도해주는 스승을 만났다'고 여기고 안도했습니다만, 가령 그때 다다 선생과 만나지 않았더라도 늦든 이르든 어느 시점에 어딘가에서 '스승을 따라 수행하는' 삶을 선택했으리라 봅니다.

합기도가 아니라 다른 무도였을지도 모르고, 스승을 따라 참선하거나 선배들을 따라 목욕재계 수행을 했을지도 모릅니다. 그것이 무엇이 되었을지는 모르겠지만 내 기질을 살펴보건대 '스승을 따라 수행하는 일'은 반드시 했을 것입니다.

누구와 결혼하든 그럭저럭 즐겁다

결혼도 그렇습니다. 지금 아내와 만나지 않고 다른 누군가와 결혼했어도 그럭저럭 즐겁게 지내지 않았을까 합니다.

결혼이란 '운명의 상대'가 이 세상 어딘가에 있는데 그 사람과 만날 때까지 헤매고 다니다가 이루어내는 것이 아니라고 생각합니다.

다른 일과 마찬가지로 결국 결혼 생활의 성공 실패 여부도 운명 때문이 아니라 그 사람의 그릇에 따라 거의 정해집니다. 상대가 바뀐다고 천국에서 지옥으로(또는 그 반대로) 변하는 일은 없습니다.

마음이 열린 사람은 누구와 결혼해도 그럭저럭 행복해질 수 있고 까다로운 사람은 누구와 결혼해도 불만이 쌓입니다.

결혼의 행복 정도를 정하는 요소는 뭐니 뭐니 해도 최종적으로는 본인이 가진 '행복해지는 힘'입니다.

그것은 친구와 사이좋게 지내는 일과 같습니다. 상대의 '좋은 점'을 보고 그것에 경의와 호기심을 품는다면, 서로 '좋은 점'만 선택해서 상대에게 보여주려고 하니까 '나쁜 점'은 별 볼 일 없이 뒤로 물러납니다.

물론 나쁜 점이 사라지지는 않습니다. 하지만 일상생활에 그다지 나오지 않습니다(때로는 나옵니다만). 하지만 무도나 예술 분야의 수행도 마찬가지로 경험을 쌓다 보면 점점 실력이 늡니다.

여성이나 남성 독신이 열 명 앞에 있을 때 그중 세 명과는 결혼해도 그럭저럭 행복하게 살 수 있을 것 같다면 '어른'이고, '다섯 명까지는 무난하다'고 하면 '인생의 달인'입니다.

모름지기 우리는 '인생의 달인'을 목표로 삼아 살아가야 한다고 생각합니다.

후회에는 두 종류가 있다

그런 의미에서 68년 살아온 인생에 특별히 후회는 없습니다.

후회에는 두 종류가 있습니다. '무슨 일인가를 해버렸다는 후회'와 '무슨 일인가를 하지 않았다는 후회'입니다.

다시는 돌이킬 수 없는 쪽은 '무슨 일인가를 하지 않았다는 후회'입니다.

'해버렸다는 데 대한 뉘우침'은 무슨 말을 하든 그 일을 한 주체는 확실히 자신입니다.

그때는 본인이 하고 싶다는 생각에, 또는 해야겠다는 생각에 저지른 일인데 순조롭게 이루어지지 않은 것이니까 실패했다면 자신이 책임을 질 수밖에 없습니다.

그 실패를 거름으로 삼아 똑같은 실수를 되풀이하지 않도록 조심하면 됩니다. 그렇게 인간은 성장해가는 존재니까요.

그러나 '하지 않았다는 후회'에는 손쓸 도리가 없습니다. 왜냐하면 '하지 않았다는 후회'에는 후회할 주체가 없기 때문입니다.

'그때 그렇게 했으면 좋았을 텐데……' 하고 생각하는 것은 '그때 그렇게 했던 자신'이 '진정한 자신'이라고 생각한다는 뜻입니다. 하지만 지금의 자신은 '그때 그것을 하지 않았던 자신'입니다. 따라서 논리적으로 말하면 지금의 자신은 '진정한 자신'이 아닙니다. '나는 사실 이런 곳에 있으면서 이런 일을 하고 있을 리 없다'고 생각하는 '가짜 자신'입니다.

그런 사람은 실패를 거름으로 삼을 수도 없고, 실패를 통해 인격을 함양할 수도 없습니다.

그도 그럴 것이 지금 '그렇게 했으면 좋았는데' 하고 뉘우치는 것은 진정한 자신이 아닌 '누군가'이기 때문입니다. '아아, 진절머리 난다' 하는 '진절머리' 느낌만 공중에 떠돌아다닐 뿐 '진절머리 나는 주체'가 존재하지 않습니다. 웃음만 남기고 모습을 감춘 체셔 고양이(Cheshire cat)[주17)] 같은 것입니다. 후회만 있고 '이런 실패는 두 번 다시 되풀이하지 않겠다'고 생각하는 인간이 없습니다.

익명의 발신은 무의미하다

오늘날 SNS에는 매도와 저주의 언어가 소용돌이치고 있습니다. 실은 입정 사납게 남을 매도하는 사람들을 부추기는 것은 대개 질투입니다. 이렇게 말하면 욕을 먹으니까 별로 말을 하지 않으려고 하지만, 남을 욕하는 인간을 후리는 가장 강렬한 감정은 질투입니다.

욕하는 사람들이 욕하는 이유는 욕하는 상대가 '내가 있어야 할 곳'을 차지하고 있다고 생각하기 때문입니다.

"사람들이 주목해야 할 사람은 바로 나야. 사람들이 의견을 청취하러 와야 할 사람은 나라고. 사람들이 경의를 표해야 할 상대도 나야. 어째서 내 자리에 네가 있는 것이냐. 자리를 바꾸어라." 결국은 이렇게 말하는 것입니다.

주17) 루이스 캐롤(Lewis Carrol, 1832~1893)의 소설 『이상한 나라의 앨리스』(1865년)에 등장하는 가공의 고양이로 히죽히죽 웃는 고양이. -역주

그것은 그들이 '자기보다 아래'라고 생각하는 인간을 상대하지 않으려는 것을 보면 알 수 있습니다.

자기보다 아래인 인간과 있을 곳을 바꾼다 한들 아무 소용이 없기 때문입니다.

그들은 '자기 것이어야 하는데 자기에게 주어지지 않은 것'을 원합니다. 그것이 그들에게 주어지지 않은 이유는 누군가 부당하게 그것을 점거하고 있기 때문입니다.

그렇게 생각하기 때문에 적당한 상대를 찾아내 모욕하고 조롱하고 냉소합니다.

딱히 논쟁해서 격파하고 싶은 것도 아닙니다. 물론 이야기를 나누거나 설득하고 싶지도 않습니다. 자기 논리가 옳다는 것을 이해받고 싶어서 말을 뱉어내는 것이 아닙니다. 다만 '저리 비켜' 하고 말할 뿐입니다.

이는 그들이 익명으로 발신한다는 사실로 알 수 있습니다.

"그곳은 내가 있어야 할 곳이니까 저리 비켜" 하고 말하는 사람은 "지금의 나는 '진정한 내'가 아니야" 하고 생각합니다. 그래서 이름을 밝히지 않지요. 그것은 '진정한 내가 아닌 누군가'의 이름이기 때문입니다.

지금 내가 조롱하고 매도하는 상대를 '그 자리'에서 쫓아내고 자기가 대신해서 그 지위를 차지할 수 있다면(그다지 가망은 없어 보입니다만), 그때 그 자리에 있는 자가 '진정한 나'입니다.

그때까지는 자기 이름이라고 대야 할 이름이 없습니다.

그래서 익명으로밖에 발신할 수 없습니다.

이것은 '무슨 일인가를 하지 않았다는 후회'와 구조가 비슷합니다.

후회를 받아들이는 인간이 존재하지 않듯 '저리 비켜' 하고 말하면서 '그렇게 요구하는 당신은 누구입니까?' 하는 물음에는 대답하지 않습니다.

따라서 익명을 자처하는 사람은 아무리 대량으로 메시지를 발신해도 성공과 실패 또는 옳고 그름을 통해 학습하는 일이 불가능합니다. 왜냐하면 책임이든 공적이든 그것을 받아들여야 할 고유명을 가진 인간이 이 세상에 존재하지 않기 때문입니다.

노벨상을 탈 만한 대단한 발견을 이루어낸 사람이 SNS을 통해 그것을 익명으로 공개하는 일은 있을 수 없습니다. 익명이라면 그 공적을 '내가 한 일'이라고 밝힐 수 없기 때문입니다. 상금도 특허권도 국민 훈장도 탈 수 없습니다.

그러므로 진정으로 중요한 일, '자기가 말하지 않으면 누구도 말하지 않는 일'을 말하려는 사람은 결코 익명으로 발신하지 않습니다.

나는 이렇게 생각합니다. 그래서 익명으로 보내오는 말에는 추호도 반응하지 않습니다. '발신자가 익명이기 때문'이 아닙니다. '발신자가 누구도 아닌 인간'이기 때문입니다.

촉각으로 세계를 이해하다

'내가 포함되어 있는 이 세계가 어떻게 이루어졌는지 이해하고 싶다'는 바람을 항상 품고 있었습니다만, 최근에는 '세계를 한눈에 내려다보는' 듯한 시각적인 틀로 사물을 생각하는 일이 현저히 줄어들었습니다.

어쩐지 시각보다 더 원초적인 감각으로 세계를 파악해야 하지 않을까 하는 생각이 듭니다.

젊은 시절에는 '세계를 이해하는' 일에 임할 때 아무래도 '본다'는 시각적 동사(動詞)를 사용했습니다.

그런데 어느 시점부터인가 시각의 비유를 쓰는 일이 점점 줄고, 그보다는 촉각의 비유를 자주 사용하기 시작했습니다.

'왠지 막혀 있는걸', '딱딱하게 굳어 있어', '느슨해지네', '어긋나 있어', '걸려버렸어' 등등 이런 표현을 빈번하게 쓰고 있습니다.

합기도를 훈련할 때도 물론 그러하고, 그 밖에도 철학을 깊이 따져 이해할 때도 나도 모르게 촉각의 비유를 선택하고 맙니다. '피부가 술렁이는걸', '숨이 막혀', '목구멍으로 나오려고 해' 등등 이런 표현이 늘었습니다.

현재 나는 신교(新教)출판사라는 기독교 계통의 출판사가 발행하는 월간지 『복음과 세계(福音と世界)』에 '레비나스의 시간론'을 연재하고 있습니다. 2년 반쯤 계속 써왔는데, 옛날에 쓴 레비나스 논의와 비교하면 글 쓰는 방식이 무척 촉각 중심으로 바뀌었음을 알 수 있습니다.

시간론인 만큼 공간적 비유는 사용하지 않습니다. 사용해도 무관하지만 그러면 시간론이라 하기 어렵지요.

이를테면 과거 · 현재 · 미래를 분류해 일렬로 늘어놓고 그림으로 표상할 수 있습니다. 하지만 그것은 단지 시간을 공간 도상으로 변환시킨 것일 뿐, 시간 자체를 표현하는 것은 아닙니다.

시간을 이해 가능한 방식으로 표상하기 위해서는 시간적 현상에 따라 이야기할 수밖에 없습니다. 말로 이야기하든지 음악을 듣는 등 청각의 비유를 가져와도 괜찮지만, 생생하게 시간을 실감할 수 있는 것은 역시 신체 안에서 일어나는 현상입니다.

'어렴풋하게 좋은 향을 풍기는 냄새를 맡는다', '먹을 것이 목구멍을 타고 내려간다', '근육이 뭉친 곳이 풀려 맥이 통한다' 같은 현상은 말할 필요도 없이 시간을 생생하게 내포하고 있을 뿐 아니라 시간의 감각을 전해줄 수 있습니다.

그런 어휘와 표현이 젊은 시기의 내게는 없었습니다만, 나이를 먹은 탓에 차차 그런 언어와 표현이 가능해졌습니다.

비유가 촉각적 · 신체적으로 바뀌면 논의의 진행 방식도 촉각적 · 신체적으로 변합니다. 이야기가 '미끈덩미끈덩' 나아갑니다. '어머나, 여기에 빈틈이 있어' 하고 생각하면 빈틈으로 들어갑니다. 나아가는 가운데 벽에 부딪혀 가로막히면 어쩔 수 없이 도로 돌아옵니다. 그리고 다시 '미끈덩미끈덩' 계속합니다. 이런 식으로 기신기신 써 내려갑니다.

하지만 이렇게 기신기신 쓰는 방식이 지금의 내게는 가장 안성맞춤입니다.

다시 읽어보면 마치 논리정연하지도 않고 기승전결과도 거리가 멀지만, 어쨌든 언어가 쉬지 않고 흘러가니까 읽기 편합니다. 흐름에 몸을 맡기고 있으면 술술 읽을 수 있지요.

합기도의 덕택에 신체 감각이 예민해졌을지도 모르고 생물로서 퇴화한 탓인지도 모르겠지만, 서서히 사고와 글쓰기 방식이 원생동물처럼 되어가는 느낌이 듭니다.

단세포생물도 먹이가 있는 쪽으로 향하고 포식자가 오면 도망갑니다. 그런 것쯤은 촉각으로 압니다. 그와 비슷한 일이 복잡한 생명체인 인간에게 불가능할 리 없습니다.

하지만 그런 일이 좀처럼 순조롭게 이루어지지 않는 까닭은 인간이 시각 우위의 생물이기 때문입니다.

시각 우위로 공간을 인지하므로 사회구조도 시각적으로 설계합니다.

시각을 바탕으로 제도를 설계해놓은 사회에서 줄곧 살면서 시각을 앞세워 반응하면 시각적 도식에서 빠져나올 수 없습니다.

어느샌가 모든 것을 시각적이고 공간적으로 표상하기에 이릅니다.

그러나 그렇게 해서는 파악할 수 없는 것으로 세계는 가득 차버립니다.

예를 들어 시각이 바탕인 사회제도 안에서는 시간을 표상할 수 없습니다.

시간을 생각할 때 사람들은 대부분 시계의 글자판을 머릿속에 그립니다.

물론 360도로 12시간을 나누어놓은 글자판은 시각으로 시간을 한눈에 보여줍니다. 그러나 그것은 사실 시간이 아닙니다. 시간에 대한 시각적 이미지에 지나지 않습니다.

어느 쪽인지 정하지 않는다

내가 이제껏 합기도를 통해 습득한 바는 시각 우위의 세계 안에서 촉각과 청각 우위로 공간과 시간을 분절하는 기술이 아니었나 싶습니다.

무도를 훈련하고 있으면 '진위 · 시비 · 선악 · 미추' 같은 이항 대립으로 사물을 파악하는 일이 무척 답답하게 느껴집니다.

참이기도 하고 거짓이기도 한 일이 있지 않습니까. 어떤 때는 선이지만 조건이 바뀌면 악이 되기도 하고, 보는 눈에 따라서는 아름답기도 하고 추하기도 할 때도 있는 법입니다.

따라서 어느 쪽인지 정할 수 없습니다. 정하고 싶지 않습니다.

그보다는 색깔의 옅고 짙음, 밀도나 온도의 높고 낮음 같은 아날로그적인 눈금(gradation)의 차이가 궁금합니다.

이를테면 정치 문제를 둘러싸고 "A와 B 중에 어느 쪽이 좋습니까?" 하는 질문을 받아도 "음, 어느 쪽이라고 정하기 어려운데요. 그

중간쯤이 좋지 않을까요?" 하는 대답밖에 할 수 없습니다.

문득 따져보면 무엇에 대해서도 '적당한 온도'라든지 '적당한 양'이라든지 '적당한 맛' 같은 말만 튀어나옵니다.

어떤 화제에도 "더 듣고 싶지 않고, 좀 단순하게 이야기를 해달라고. 좋은 거야, 나쁜 거야, 어느 쪽이야?" 하는 사람이 세상에는 정말 많습니다. 이것은 '어린아이가 하는 말'입니다. 복잡한 것은 복잡한 대로 다루는 것이 어른의 방식이라고 생각합니다.

복잡한 이야기를 단순한 이항 대립으로 축소하지 않고 복잡한 대로 다루면서 '어떻게든 풀어보는' 일이 가능하다는 것을 합기도의 수행을 통해 배웠습니다.

그런 기술을 체득해서 '나도 이제 할 수 있다'고 말하는 것이 아닙니다. 그렇지만 그런 기술이 존재한다는 것은 알았습니다. 알지 못했다면 노력할 도리가 없었겠지만, 알았으니까 어쨌든 해볼 수 있는 일은 있습니다.

앞으로 죽을 때까지 몇 년 남았는지 모르겠지만, 젊은이들이 미래 시대를 조금이라도 자유롭고 기분 좋게 살아갈 수 있도록 내가 할 수 있는 일을 하고 싶습니다.

칼럼

1966년 히비야고등학교[3]
친구를 잃는다는 것

나는 결국 1969년 교토대학 입시에 낙방하고 아라이 군과 요시다 군은 교토대학에 진학했다. 아라이 군은 다음해 도쿄대학에 다시 응시에 도쿄로 돌아왔지만, 요시다 군은 그대로 교토대학에 머물렀다.

요시다 군을 그다음 만난 곳은 도쿄대학 혼고(本鄕) 캠퍼스의 불문과였다. 1년 재수하고 1년 낙제한 내가 혼고의 불문과 3학년에 진학했을 때 요시다 군이 석사과정에 들어왔다. 혼고 은행나무 가로수길 저 멀리서 나를 발견한 요시다 군은 싱긋 웃으며 "내가 한발 먼저 왔군" 하고 인사했다.

교토에서 어떻게 지냈느냐고 물었다. 그는 대학이 동맹 파업과 교내 폐쇄로 강의가 열리지 못하는 동안 프랑스어를 공부했더니 프랑스어 실력이 월등하게 늘었다고 대답해주었다(그는 그런 말을 해도 전혀 얄밉지 않게 들리는 사람이었다).

나는 대학의 동맹 파업으로 강의가 없을 때 어떻게 해서든 강의가 없는 날이 계속되기를 바라면서 헬멧을 쓰고 캠퍼스를 뛰어다녔기 때문에 고마바 캠퍼스에서 내 프랑스어 성적은 전부 C 학점으로, 그 해 불문과에 진학한 30명 중에 제일 꼴찌였다.

우등생과 열등생의 대화 중에도 요시다 군은 "우치다 군도 열심히 공부하는 게 어때?" 하는 말을 절대로 하지 않았다.

"우치다 군은 언제나 즐거운 것 같아. 부럽군" 하고 손을 흔들며 떠나갔다(물론 그는 진심으로 그렇게 생각했다).

그다음 요시다 군의 소식을 들은 것은 아라이 게이스케가 세상을 떠나고 추도 문집을 엮을 때였다. 애석하게도 그는 도쿄대학 법학부 조교로 근무하던 스물일곱에 요절했다. 유학을 떠난 프랑스에서 요시다 군이 보낸 추도문은 거의 '통곡'에 가까웠다.

나는 그 글을 읽고 요시다 군도 아라이 군이라는 '표준 그릇'으로 늘 의식하면서 자신의 자리나 스타일을 정했다는 것을 알았다.

각자가 쓴 추도문을 읽은 뒤 요시다 군과 나 사이의 거리가 급속히 줄어들었던 것 같다.

무엇과도 바꿀 수 없는 소중한 친구가 세상을 떠나면 남겨진 자들에게는 책무가 주어진다. 그것은 죽은 자가 있던 자리를 '누구도 메울 수 없는 공허'로서 정신적인 '영구 결번'처럼 유지하는 일이다.

'만약 아라이 군이 있었다면 이 일을 어떻게 평가할까?', '만약 아라이 군이었다면 이런 경우에 어떤 판단을 내릴까?' 이런 물음은 아라이 군의 사후 종종 나를 찾아왔다. 아마도 요시다 군은 더 그러했을 것이다.

'잃어버린 친구의 기억을 보존하는 일'은 누구도 대신해줄 수 없는 책무로서 자신에게 주어졌다는 감각이 나와 요시다 군 사이에 보이지 않는 끈을 만들어주었다고 생각한다.

우리에게는 아라이 군을 기억할 책임, 그가 더는 존재하지 않는다는 것이 얼마나 커다란 손실인지 통감할 책임이 있다. 필시 우리 둘은 이런 생각을 품었을 것이다. 한 번도 요시다 군에게 물어본 적은 없지만, 이런 일은 굳이 말로 하지 않아도 아는 사람에게는 알 수밖에 없다.

그가 프랑스 유학 중에 앓았던 지병으로 고통받으면서도 거의 '가뿐하게' 국제적 수준의 연구업적을 발표하고, 대학에서 업무를 보고, 행복하게 가정생활을 꾸리는 모습에는 누구나 경탄을 금치 못하는데, 나는 '요시다 군답다'는 기분으로 그를 지켜보았다.

몇 년 전에 공항에서 짐을 찾는데 우연히 바로 옆에 그가 서 있었다. "요즘 잘 지내? 건강은 어때?" 하고 물었더니, "이런저런 제안이 오기는 하는데 '육아와 투병으로 시간이 없습니다' 하고 거절하고 있어" 하며 파안대소했다. 투병조차 농담으로 넘기는 그의 블랙 유머 감각이 내게는 친숙했다.

2004년 여름방학에 나는 교토대학 문학부에서 집중 강의를 했다. 강의실로 이동하려고 엘리베이터를 탔더니 요시다 군이 타고 있었다.

"이크, 우치다 군이 왜 여기 있어?"

"집중 강의를 하러 왔지."

"어쩐지 아무리 집으로 전화를 걸어도 통화가 안 되더군."

그가 나를 찾는 동안 나는 그의 연구실 위층 방에서 차를 마셨다.

그는 삿포로에서 열리는 가을 학회 워크숍에서 그가 사회를 맡은 세션이 있는데, 그때 토론자로 나와주지 않겠느냐고 부탁했다.

물론 나는 죽마고우의 부탁을 거절할 수 있을 리 없다.

요시다 군이 사회를 보고 교토대학의 다가 시게루(多賀茂) 씨와 내가 토론자로 참석한 그 세션의 주제는 '문학과 신체, 규범과 일탈'이었다. 다가 씨가 '괴물과 기형' 이야기를 하고 내가 '신체와 시간' 이야기를 하고 요시다 군이 '춤과 문학' 이야기를 풀어놓았다. 세 사람의 이야기는 제각각이었지만 사회자 요시다 군이 훌륭하게 고삐를 잘 당겨준 덕분에 이야기가 제대로 자리를 잡았다.

생각해보면 이 세션이 요시다 군과 손을 잡고 진행한 유일한 학술적 공동 작업이었다.

워크숍이 끝난 다음 캠퍼스에서 요시다 군 부부와 대학원생 제군과 일행이 되었고, 우리 둘은 클라크 박사 동상 앞에서 사진을 찍었다. 이것이 나와 요시다 군이 같은 프레임에 들어간 유일한 사진이다.

그 후 삿포로역에 있는 레스토랑으로 가서 다들 식사했다. 폭주기관차처럼 달리는 내 이야기에 요시다 군이 상쾌한 코멘트를 날리는 '우리 둘의 스타일'로 대화가 달아올랐다.

그날 삿포로역 앞에서 "그럼, 또 만나세나" 하고 손을 흔들며 헤어진 것이 요시다 군과 나의 마지막이었다.

대학원 시절의 함께 연구하던 친구나 동료에 비하면 요시다 군과 함께 지낸 시간은 매우 짧다. 요시다 군의 인간성을 나보다 더 잘 알고 있는 친구가 많을 것이다.

그렇지만 나와 요시다 군이 공유한 무언가는 1966년부터 1969년까지 히비야고등학교에 다닌 한 줌밖에 안 되는 소년들만 아는 무엇이었다. 그것은 인격적으로 두 사람의 친구인 아라이 게이스케 군의 존재와 그가 우리 각자에게 미친 영향으로 집약할 수 있다.

우리는 소년 시절 진귀한 친구 한 사람과 만났고, 그의 커다란 존재와 그를 잃어버린 무거움을 줄곧 마음속에 간직하고 있었다. 같은 사람을 잃은 '유족'의 허전함이 요시다 군과 나를 이어주었다. 우리의 우정은 그런 형태였다.

지금 나는 또 한 사람의 옛 친구를 잃었다. 그의 죽음은 언제까지나 그를 기억에 담아두고 그의 부재를 계속 아파하는 사람들을 남겨놓았다.

레비나스의 말을 빌리자면 그런 식으로 '존재하는 것과 다른 방식으로' 죽음은 우리를 계속 건드리고 있다고 생각한다.

(2006년 12월 18일)

비일상 사진관

1961년경, 오키구보(荻窪)에 있는 조부모 댁 앞에서. 포동포동 살이 쪘다.

1963년 3월 오타구(大田區) 구립 히가시초후(東調布) 소학교를 졸업. 데시마 아키라(手島晃) 선생과 찍은 사진. 나와 히라카와 가쓰미 군의 은사인 데시마 선생은 서예가이기도 했는데, 졸업 때 내게 '가시나무(茨)' 한 글자를 적은 색종이를 주셨다. 나는 그때 '앞으로 내 인생은 가시나무 길이라는 것일까?' 하는 생각에 긴장했지만, 훗날에 실은 '내가 다른 사람들의 가시나무'라는 것을 알았다. 과연 은사님의 형안이다!

1963년 4월 오타구 구립 야구치(矢口) 중학교에 입학. 중학교에서는 이 느낌 그대로 3년 동안 '착한 아이'로 통했기 때문에 지친 나머지 고등학교 입학과 동시에 '노도 같은 불량 학생 시절'로 돌입했던 것인데, 아직 그런 낌새는 보이지 않는다.

1963년 설날 우치다 도오루 형(14세)과 오타구 시모마루코의 자택 거실에서 찍은 사진. 사이좋게 지내던 형도 2016년에 세상을 떴다.

소학교 동급생들과 찍음. 앞줄 왼쪽이 나다. 내 뒤에 선 사람이 히라카와 가쓰미 군인데 나중에 동업자가 되어 평생 친우가 되었다.

부모님과 집 앞에서 찍음. 시험공부만 한 탓에 지친 표정이다. 부친은 2001년, 모친은 2015년에 각각 세상을 뜨셨다. 시모마루코 시절 우치다 집안을 기억하는 사람은 이제 나 혼자뿐이다.

1967년 가을 히비아 고등학교 교정에서 동급생들과 찍은 사진. 집을 나와 오차노미즈에 있는 '뉴포트'에서 일하던 무렵이다. 학교에 와도 수업은 듣지 않고 나쁜 아이들과 어울렸다.

1970년 10월 고마바 축제 때. 등을 돌리고 나와 이야기를 나누는 사람은 고 가네쓰키 히로시(金築寛)다. 느낌이 좋은 남성이었지만 얼마 안 있어 당파 내부투쟁으로 살해당했다.

1975년 놀기만 했던 지유가오카 시절. 영화 <청춘 낙서(American Graphity)>를 본 다음 리차드 드레이퓨즈(Richard Dreyfuss) 배우의 멋진 모습을 흉내 냈다.

1977년 2월 1일 시부야의 핫켄다나(百軒店)에서 어번 트랜스레이션을 창업했다. 창립 성원은 네 사람으로 왼쪽 끝에 있는 사람이 사장인 히라카와 군, 오른쪽 끝에 내가 있다. 창업한 것까지는 좋았으나 앞날이 보이지 않아 다들 퍽 긴장감 도는 표정이다(실제로는 경제 성장의 물결을 타고 매달 매상이 배로 뛰어 경영이 순조로웠고, 곧바로 사무실도 이전하고 사원도 불어났다).

딸애와 찍은 사진. 에세이가 실린 기념으로 『유레카』를 들고 있다. 잡지에 기고해 원고료를 받은 것은 이때가 처음이었다고 기억한다.

맺음말

여러분, 안녕하세요. 우치다 다쓰루입니다.

이번 책은 어쩌다 보니 '자서전'입니다. 물론 이런 글을 쓸 만한 나이가 되었지요.

이전에 『우치다 다쓰루에 의한 우치다 다쓰루(內田樹による內田樹)』(140B, 2013/분슌문고, 2017)라는 책을 통해 내가 집필한 책의 본인 해설을 엮은 적이 있습니다. 그때도 기획안을 들었을 때 과연 내가 자신의 저작을 통사적으로 해설할 만큼 책을 써냈던가 싶어 놀랐습니다만, 이번에는 드디어 '나의 이력서'입니다. 이런 글은 대체로 '성공해 이름을 날린' 사람이 "하하하, 나도 젊을 때는 고생도 많았고 무모한 짓도 벌여봤지" 하고 툇마루에 앉아 떫은 차를 홀짝이며 이야기할 법합니다만, 나와는 아직 거리가 먼 일이라고 생각했습니다.

맨 처음 기획을 들고 온 주체는 NewsPicks라는 웹매거진입니다. 반평생을 회고하는 기나긴 인터뷰를 하고 싶다고 하더군요. 그 말을 듣고 깜짝 놀라긴 했지만, 곰곰이 생각해보니 나도 곧 고희(古稀), 그러니까 일흔 살을 앞두고 있고, 부모님과 형님이 돌아가시고, 친한 친구들도 잇달아 저세상의 객이 되는 나이가 되었습니다. 그러니까 '연로한 사람에게 살아 있는 동안 이야기를 들어두자'는 취지의 기획이 나와도 하등 이상할 것이 없습니다.

따라서 길고 긴 인터뷰를 통해 젊은이를 상대로 "너희들 젊은이는 모르겠지만 옛날에 일본에는 말이야……" 하고 먼 산을 바라보며 추억담을 이야기하는 노인이라는 역할을 채택해봤습니다. 1960년대 중학생, 고등학생이 무엇을 생각하고 어떻게 생활했는지는 동시대 작가들(무라카미 하루키, 하시모토 오사무, 세키카와 나쓰오, 아사다 지로 등 여러분)이 귀중한 문학적 증언을 남겨놓았습니다. 그래도 문학 작품은 허구라는 광택으로 윤을 낸 반면, 실상은 훨씬 진흙 냄새 풍기고 혼돈 상태이고 지리멸렬합니다. 그 시대에 대해 젊은이들이 무언가 조사하려고 할 때 조금이라도 '시대의 분위기'를 아는 데 도움이 될 만한 증언이 될 수 있도록 인터뷰에 응했습니다.

그러고 보면 나보다 훨씬 연장자인 시이나 마코토(椎名誠)의 『애수의 거리에 안개가 내려온다(哀愁の町に霧が降るのだ)』(소학관문고[小學館文庫])가 있습니다. 이 작품은 1950년대 말 '시대의 분위기'를 표현한 아주 귀중한 기록입니다(이 작품에 필적할 만한 글이 있을지 모르겠군요). 이 책도 시이나 마코토보다 조금 어린 사람이 쓴 1960년대 말 '애수의 거리'라고 여기고 읽어주면 좋겠습니다.

NewsPicks의 긴 인터뷰가 인터넷에 올려지고 나서 얼마 안 되어 매거진하우스의 편집자 히로세 씨가 '단행본으로 엮고 싶다'고 제안했습니다. 인터뷰만으로는 분량이 부족해 적잖이 새로 써야 할 필요가 있었습니다. 그래서 집에서 쓰는 컴퓨터의 하드디스크를 복구해 '과거 이야기'를 늘어놓은 원고를 찾아냈고, 그중 해당 부분을 오려내어 원고를 부풀리기로 했습니다. 히비야고등학교 시절 친구들을 이야기한 에세이도 그때 발굴했습니다. 이 글들은 히로세 씨가 한번 읽어보고 독립적인 칼럼으로 배치하자고 제안한 대로 본서에 앉혔습니다.

이 책의 말미에도 썼습니다만, 편집한 원고를 다시 통독해보고 나란 사람은 참으로 '인생의 갈림길'이 없는 인간이라는 생각이 들었습니다. 그때 '저쪽 길'로 갔다면 내 인생이 꽤 바뀌었을 것 같다는 느낌이 하나도 들지 않습니다. 짐짓 상상해보면 다양한 '자신'이 있을 수 있습니다. 도쿄대학에 떨어지고 와세다대학에 진학한 자신, 대학원에 떨어지고 어번 트랜스레이션에서 정규직으로 일한 자신, 취직이 정해지지 않아(역시 어번 트랜스레이션으로 돌아가) 편집 작업에 종사한 자신, 고베여학원대학이 아닌 다른 대학에 채용된 자신, 다른 여성과 결혼한 자신…… 갖가지 갈림길이 있을 수도 있었겠지만, 어느 길로 갔어도 이 나이쯤 되면 현재의 자신과 '꼭 닮은' 인간이 되어 있을 것 같습니다(그런 인간이 되어본 적이 없으니까 어디까지나 '그럴 것 같다'고 할 따름입니다).

'자기다움'이라는 말은 별로 좋아하지 않지만, 그래도 역시 '자기다움'이란 있다고 봅니다. 다만 눈을 부릅뜨고 '나답게 살겠어' 하고 죽자사자 지어내거나 '자기를 찾는 여행'을 떠나 발견하는 것이 아닙니다. 평범하게 '왠지 모르게 하고 싶은 일'을 하고 '왠지 모르게 하고 싶지 않은 일'을 피해 살아가면, 만년에 '결국 어느 길을 걸었어도 현재의 나와 꼭 닮은 인간이 되어 있었겠구나' 하는 감회가 드는 것입니다. 이런 식으로 몸에 배어 있는 것이 아닐까 합니다.

예전에 '강한 현실'과 '약한 현실'이 있을까 생각해본 적이 있습니다.

이를테면 내가 33번째 지원으로 고베여학원대학의 채용 면접에도 떨어졌다고 합시다(이 일은 무척 개연성 있는 가정입니다). 그때는 마흔 살에 조교를 그만두고 히라카와 군과 창립한 회사로 돌아갈 작정이었습니다. 그곳에서 편집과 출판 작업에 4반세기쯤 일했다고 하면 지금쯤 나는 어떻게 되었을까요? 아마도 65세까지 일하고 퇴직한 다음 지유가오카 오쿠사와 근처에 방 세 칸짜리 아파트에 살면서 합기도 훈련에 나가고, 취미로 프랑스문학을 번역하고, 에세이 같은 글을 블로그에 올리고, 친구들과 온천에 가서 마작 놀이를 했겠지요(지금과 별반 차이가 없습니다).

그때 지유가오카 근처 아파트 서재 책장에 꽂아놓은 책과 현재 개풍관 서재 책장에 꽂아놓은 책은 상당수 '똑같은 책'일 것입니다. 현재 내 서재에는 책이 만 권쯤 있는데, 그중 천 권은 내가 사는 가상세계의 방에도 있을 것입니다. 내가 어떤 삶을 살더라도 나이가 이쯤 되었을 때 서가에 꽂아놓은 책이 내게는 '강한 현실'이라고 여깁니다. 어떤 인생을 선택해도 책을 선택하는 변하지 않는 성향이 있습니다. 인생의 갈림길에서 선택했을 수 있는 모든 가상세계에서도 몇백 권은 지금과 똑같은 책을 책장에 꽂아놓고 읽고 있을 것입니다. 바로 이것이 '나다운 나'입니다.

거꾸로 대학교수가 되지 않았다면 절대로 읽지 않았을 책이 지유가오카 서재 책장에도 있을 것입니다(상상하는 동안 지유가오카의 아파트 모습이 점점 현실처럼 느껴지는군요). 그런 책이 내게는 '약한 현실'입니다. 만약 그런 책을 재미있게 읽는 내가 있다면 그것은 '나답지 않은 나'입니다.

이러한 '강함과 약함'의 구별은 현실에도 적용할 수 있지 않을까 생각합니다.

'약한 현실'이란 '입력에 차이가 있으면 현실화되지 않았을 것'을 가리킵니다. '강한 현실'이란 '아주 커다란 입력의 변화가 있어도 현재와 똑같이 현실화되어 있는 것'을 가리킵니다. 이것이 '자기다움'이라는 말이 지닌 본래의 의미가 아닐까 생각합니다.

그런데 여기서 꼭 강조하고 싶은 바는 '자기다움'은 '왠지 모르게' 선택했을 때 두드러집니다. 특별히 계획하지 않고 계산하지 않고 의도하지 않았을 때 '자기다움'은 선명하게 윤곽을 드러냅니다. 그렇지 않을까요?

이 책을 읽는 여러분은 내가 계획성이 없는 인간이라는 점을 잘 알았을 것입니다. 평생에 걸쳐 이것만큼은 반드시 실현하고 싶다거나 이것만큼은 반드시 달성하고 싶은 목표를 세운 적이 없습니다. 언제나 '아무렇지 않게'입니다.

내가 이제까지 해온 일은 거의 누군가 "우치다, 이것 좀 해주지 않을래?" 하고 부탁하면 "그래, 그럴게" 하고 별생각 없이 받아들인 일입니다. 내가 스스로 "이것 좀 해줘" 하고 부탁해 그해의 계획을 실현하고 인생이 확 바뀐 일은 한 번도 없었습니다. 언제나 '부탁받은 일'이 전환점이 되었습니다. '그런 일을 내가 할 수 있을까(해본 적도 없는데)' 하고 생각하면서도 '달리 할 사람이 없으면 내가 해볼까' 하고 수락한 것이 계기가 되어 예측하지 못한 인연이 생겨나고 내가 가진 뜻하지 않은 잠재적 자원을 발견하는 일이 반세기 동안 계속 일어났습니다.

하지만 '왠지 모르게'에는 강력한 자력이 있는 모양입니다. 자석 바늘이 흔들거리면서 제대로 북쪽을 가리키듯, '왠지 모르게'에는 의무감이나 공포심이나 공명심이 관여하지 않습니다. "왜 그랬어?" 하고 누가 물어도 "왠지 모르게 하고 싶었어", "왠지 모르게 하고 싶지 않았어" 하는 대답밖에 할 수 없습니다. 그래도 '왠지 모르게'가 가리키는 방향에는 뜻밖에도 '어긋남'이 없습니다. 인생을 돌아보면서 이 점을 분명히 깨달았습니다.

그러므로 최근에 젊은이를 상대로 이야기할 때는 "결단할 때 그 이유를 확실하게 말할 수 있는 일은 웬만하면 선택하지 않는 편이 좋아" 하고 자주 이야기해줍니다.

입학시험 면접 때도, 입사 면접 때도, 학과 선택 때도 반드시 "어째서 당신은 이 일을 하려고 합니까?" 하는 질문을 받습니다. 이 물음에 술술 대답하지 못하면 좋은 점수를 받지 못합니다. 하지만 이런 현상은 좀 잘못되지 않았는가 합니다. 진정으로 자기가 하고 싶은 일에 대해서는 '술술 이유를 말할 수 있을 리' 없기 때문입니다. 자신 속에 깊게 뿌리내린 충동이나 욕망에서 비롯된 일을 그렇게 간단하게 언어로 표현할 수 있을 리 있겠습니까. '글로벌 인재가 되어 활약하고 싶은' 이유가 '엄마의 잔소리를 참을 수 없어서 빨리 해외로 도망치고 싶은' 것일 수도 있기 때문입니다. 또 '펑크[주1] 풍 아티스트가 되고 싶은' 이유가 '완고한 아버지가 싫어하는 직업을 선택해 골치를 썩이고 싶은' 것일 수도 있기 때문입니다. 이런 이유는 쉽게 내놓고 이야기할 수 없을 뿐 아니라 원래 자기 자신조차 알아채지 못하는 법입니다.

물론 그런 이유로 직업을 선택할 수 '있습니다.' 그것은 그것대로 괜찮습니다. 하지만 "어째서?"라는 질문에 술술 말할 수 있는 이유는 아닙니다. 그것이 바로 '왠지 모르게'입니다. 따라서 '왠지 모르게'에 따라 살아가는 편이 '자기다울' 수 있습니다. 이것이 최근 젊은이들에게 자주 하는 말입니다.

스티브 잡스(Steve Jobs)가 스탠포드 대학 졸업식에 초빙받아 축사를 한 적이 있습니다. 그때 아주 그럴 듯한 말을 했습니다.

And most important, have the courage to follow your heart and intuition. They somehow already know what you truly want to become.

"여러분의 마음과 직감에 따라 용기를 내는 일이 가장 중요합니다. 여러분의 마음과 직감은 웬일인지 여러분이 진정으로 되고 싶

주1) 기괴하고 도전적인 패션을 좋아하며 반체제적이고 퇴폐적 분위기를 풍기는 젊은이들의 풍속 문화. -역주

은 것이 무엇인지 알고 있기 때문입니다."

나도 스티브 잡스에게 100퍼센트 동의합니다. 중요한 것은 '용기'입니다. 왜냐하면 '마음과 직감'에 따라 ('왠지 모르게') 선택하면 "왜 그런 일을 하는 거야?" 하는 질문을 받았을 때 대답할 수 없기 때문입니다. 증거를 댄다든가 중간 계획을 내세운다거나 비용 대비 효과를 말하는 일은 불가능합니다. "왜냐하면 왠지 모르게 하고 싶으니까 하는 거야" 하고 말할 수밖에 없습니다. 그렇지만 '왠지 모르게' 하고 싶은 일을 실행하기 위해서는 '용기'가 필요합니다. 주위 사람들이 다 "그만둬" 하고 반대할 테니까요.

우리 사회는 '어째서 하고 싶은지 이유를 스스로 말할 수 없는 일은 해서는 안 된다'는 규칙을 어느새 채용해버린 듯합니다. 나는 이것이 아무런 근거도 없는 망상이라고 봅니다. 내 경험은 정반대라고 가르쳐주었으니까요. 어째서 하고 싶은지 이유를 말할 수는 없지만 '왠지 모르게 하고 싶은' 것을 선택적으로 하는 편이 좋습니다. 이것이 오래 살아온 내가 얻은 경험적 교훈입니다. 다행히 스티브 잡스도 같은 의견이군요.

'여러분이 진정으로 되고 싶은 것', 그것이 '자기다운 자기', '본래적 자기'입니다. 마음과 직감은 '웬일인지(somehow)' 그것이 무엇인지를 알고 있습니다. 그러므로 그것에 따라야 합니다. 다만 마음과 직감에 따르려면 용기가 필요합니다.

다른 것은 모르겠지만 반평생을 되돌아보고 난 이 시점에 이르러 '마음과 직감에 따르는 용기'에 부족함을 느낀 적이 없었다는 점만은 말할 수 있습니다. 이것만큼은 가슴을 펴고 당당하게 이야기할 수 있습니다. 공포를 느끼고 '하고 싶은 일'을 단념한 적도 없고, 공리적으로 계산기를 돌려보고 '하고 싶지 않은 일'을 억지로 참으며 한 적도 없습니다. 내가 해온 일은 모조리 '이러니저러니 구시렁대면서도 하고 싶은 일'이었고, 내가 하지 않은 일은 '역시 하고 싶지 않았던 일'입니다.

이러하므로 이 책은 될수록 젊은 사람들이 읽고 '이렇게 적당히 살아도 어떻게든 살아지는구나' 하고 안심했으면 좋겠습니다. 나와 동년배 사람들이 읽는다면 "뭐라는 거야, 되는 대로 경박하게 산 주제에 즐거웠다고? 흥!" 하는 인상을 받을지도 모르겠지만, 누구나 좋아하는 책을 쓰기는 어려우니까 어쩔 수 없는 일입니다.

마지막으로 최초로 긴 인터뷰를 기획해준 NewsPicks, 이것을 부풀려 단행본으로 만들어보자고 무모한 기획을 제안해준 매거진하우스의 히로세 게이코 씨에게 진심으로 감사드립니다. 두 분 덕분에 이 책이 세상에 나왔습니다. 감사합니다.

2019년 6월 우치다 다쓰루

역자 후기

이 책은 저자 우치다 다쓰루가 자신의 일생을 돌아보고 정리한 글입니다. 넓게 보아 자서전이라고 할 만합니다. 세간의 자서전이라고 하면 대개 내로라하는 명망가가 한껏 젠체하며, "에헴, 젊을 때 고생은 사서 하는 법이야. 고생 끝에 낙이 온다니까. 불평은 그만두고 날 좀 본받으라고!" 하는 글이기 십상입니다. 그런데 이 책에는 '어떻게든 되겠지(そのうちなんとかなるだろう)'라는 제목이 붙어 있네요. 일껏 진지하게 일평생을 돌아보고 나서는 '어떻게든 되겠지'라니요. 이 무슨 뜬금없는 유머일까요? '괴짜 제목'이라고 생각했습니다.

맺음말을 보면 저자는 이 책을 굳이 '이력서'라고 정의했습니다. 물론 취업하려고 회사에 내는 이력서는 아니고요. 일흔을 앞둔 연로한 분이(나이 숫자가 그러할 뿐 우치다 선생에게는 노인이라는 말이 무색하답니다) 젊은이들을 향해, "이봐, 자네들! 나처럼 적당히 살아도 어떻게든 살아지니까 안심하고 살아가도 된다네!" 하는 메시지를 건네는 글입니다. 숱한 곤란을 견디고 넘겨낸 끝에 세상 사는 이치에 '이력이 난' 노회한 어른이 성찰의 재료로 삼으라고 인생 이야기를 들려주는 특별한 '이력서'인 것입니다.

그도 그럴 것이 일본의 지성을 대표하고 사회 여론을 이끌어가는 저자가 소싯적에는 등교 거부니, 고등학교 중퇴니, 가출이며 방황을 일삼는 불량아였다고 고백합니다. 나아가 대학원 시험에 떨어져 재수에 삼수를 거듭하고, 뜻한 대로 취직이 안 되어 실망하고, 순탄치 못한 결혼 생활로 이혼해 혼자 딸아이를 키우고, 성공의 기회를 잡지 못해 울적한 시절도 있었다고 합니다. 어쩌면 여느 사람들보다 훨씬 굴곡이 심한 삶을 살아낸 듯합니다.

저자는 이렇게 자신의 인생 이야기를 풀어놓고 나서 '마음과 직감에 따르는 용기'를 말합니다. 인생의 갈림길에서 어떤 결정을 내려야 할 때마다 '하고 싶은 일을 하고, 하고 싶지 않은 일을 하지 않는 용기'를 저버린 적이 없다고 말입니다. 대개 사람들은 두렵다거나 이해타산이 맞지 않는다는 이유로, 원하는 바를 억누르고 원하지 않는 일을 억지로 하곤 합니다. 그러나 저자는 그렇게 하지 않았습니다. 어디까지나 하고 싶은 일은 문제가 있더라도 하고야 말았고, 하고 싶지 않은 일을 억지로 하지 않았습니다.

알 사람은 다 알겠지만 저자는 무도가입니다. 예전에 고베에 있는 '개풍관'을 방문했을 때 허락을 받고 수련하는 모습을 두 눈으로 지켜본 적이 있습니다. 무도가로서 저자는 신체의 감각을 중시하기 때문에 어떤 결정을 내릴 때 직감에 따르라고 충고합니다. 그러면 결국 도달해야 할 곳에 도달하기 마련이라고요. 무엇보다도 본인이 하고 싶은 일을 포기하지 않고 자기 자리를 지키는 자세가 중요합니다. 말로는 단순한데, 어떻게 해야 스스로 마음의 목소리를 잘 듣고 그 목소리에 따르는 용기를 낼 수 있는지, 좀 더 깊이 있게 알고 싶은 사람에게는 무도론을 펼친 저자의 저서를 권하고 싶습니다.

『일본변경론』을 필두로 『청년이여, 마르크스를 읽자』, 『혼자 못 사는 것도 재주』, 『반지성주의를 말하다』, 『하루키 씨를 조심하세요』, 『사악한 것을 물리치는 법』, 『곤란한 성숙』, 『어떤 글이 살아남는가』에 이어 우치다 다쓰루의 저서를 여덟 번째 번역합니다. 그런 만큼 당연하게도 저자의 이력을 어느 정도는 알고 있었습니다. 하지만 이토록 왕년에 고집스럽고 무모하고 외곬인 청년이셨을 줄은 차마 몰랐네요. 여하튼 이 시대 젊은이들을 편들어주는 든든한 어른이 되어주셔서 감사할 따름입니다.

어떤가요? 참 별나고 희한한 이력서지요? 재미가 없으려야 없을 수 없겠지요?

2023. 2. 13. 옮긴이 김경원

어떻게든 되겠지

초판 1쇄 인쇄 2023년 3월 10일
초판 1쇄 발행 2023년 3월 15일

저자 : 우치다 다쓰루
번역 : 김경원

펴낸이 : 이동섭
편집 : 이민규
디자인 : 조세연
영업 · 마케팅 : 송정환, 조정훈
e-BOOK : 홍인표, 최정수, 서찬웅, 김은혜, 이홍비, 김영은, 정희철
관리 : 이윤미

㈜에이케이커뮤니케이션즈
등록 1996년 7월 9일(제302-1996-00026호)
주소 : 04002 서울 마포구 동교로 17안길 28, 2층
TEL : 02-702-7963~5 FAX : 02-702-7988
http://www.amusementkorea.co.kr

ISBN 979-11-274-6020-4 03190

창작을 위한 아이디어 자료

AK 트리비아 시리즈

-AK TRIVIA BOOK

No. 01 도해 근접무기
검, 도끼, 창, 곤봉, 활 등 냉병기에 대한 개설

No. 02 도해 크툴루 신화
우주적 공포인 크툴루 신화의 과거와 현재

No. 03 도해 메이드
영국 빅토리아 시대에 실존했던 메이드의 삶

No. 04 도해 연금술
'진리'를 위해 모든 것을 바친 이들의 기록

No. 05 도해 핸드웨폰
권총, 기관총, 머신건 등 개인 화기의 모든 것

No. 06 도해 전국무장
무장들의 활약상, 전국시대의 일상과 생활

No. 07 도해 전투기
인류의 전쟁사를 바꾸어놓은 전투기를 상세 소개

No. 08 도해 특수경찰
실제 SWAT 교관 출신의 저자가 소개하는 특수경찰

No. 09 도해 전차
지상전의 지배자이자 절대 강자 전차의 힘과 전술

No. 10 도해 헤비암즈
무반동총, 대전차 로켓 등의 압도적인 화력

No. 11 도해 밀리터리 아이템
군대에서 쓰이는 군장 용품을 완벽 해설

No. 12 도해 악마학
악마학의 발전 과정을 한눈에 알아볼 수 있도록 구성

No. 13 도해 북유럽 신화
북유럽 신화 세계관의 탄생부터 라그나로크까지

No. 14 도해 군함
20세기 전함부터 항모, 전략 원잠까지 해설

No. 15 도해 제3제국
아돌프 히틀러 통치하의 독일 제3제국 개론서

No. 16 도해 근대마술
마술의 종류와 개념, 마술사, 단체 등 심층 해설

No. 17 도해 우주선
우주선의 태동부터 발사, 비행 원리 등의 발전 과정

No. 18 도해 고대병기
고대병기 탄생 배경과 활약상, 계보, 작동 원리 해설

No. 19 도해 UFO
세계를 떠들썩하게 만든 UFO 사건 및 지식

No. 20 도해 식문화의 역사
중세 유럽을 중심으로, 음식문화의 변화를 설명

No. 21 도해 문장
역사와 문화의 시대적 상징물, 문장의 발전 과정

No. 22 도해 게임이론
알기 쉽고 현실에 적용할 수 있는 게임이론 입문서

No. 23 도해 단위의 사전
세계를 바라보고, 규정하는 기준이 되는 단위

No. 24 도해 켈트 신화
켈트 신화의 세계관 및 전설의 주요 등장인물 소개

No. 25 도해 항공모함
군사력의 상징이자 군사기술의 결정체, 항공모함

No. 26 도해 위스키
위스키의 맛을 한층 돋워주는 필수 지식이 가득

No. 27 도해 특수부대
전장의 스페셜리스트 특수부대의 모든 것

No. 28 도해 서양화
시대를 넘어 사랑받는 명작 84점을 해설

No. 29 도해 갑자기 그림을 잘 그리게 되는 법
멋진 일러스트를 위한 투시도와 원근법 초간단 스킬

No. 30 도해 사케
사케의 맛을 한층 더 즐길 수 있는 모든 지식

No. 31 도해 흑마술
역사 속에 실존했던 흑마술을 총망라

No. 32 도해 현대 지상전
현대 지상전의 최첨단 장비와 전략, 전술

No. 33 도해 건파이트
영화 등에서 볼 수 있는 건 액션의 핵심 지식

No. 34 도해 마술의 역사
마술의 발생시기와 장소, 변모 등 역사와 개요

No. 35 도해 군용 차량
맡은 임무에 맞추어 고안된 군용 차량의 세계

No. 36 도해 첩보·정찰 장비
승리의 열쇠 정보! 첩보원들의 특수장비 설명

No. 37 도해 세계의 잠수함
바다를 지배하는 침묵의 자객, 잠수함을 철저 해부

No. 38 도해 무녀
한국의 무당을 비롯한 세계의 샤머니즘과 각종 종교

No. 39 도해 세계의 미사일 로켓 병기
ICBM과 THAAD까지 미사일의 모든 것을 해설

No. 40 독과 약의 세계사
독과 약의 역사, 그리고 우리 생활과의 관계

No. 41 영국 메이드의 일상
빅토리아 시대의 아이콘 메이드의 일과 생활

No. 42 영국 집사의 일상
집사로 대표되는 남성 상급 사용인의 모든 것

No. 43 중세 유럽의 생활
중세의 신분 중 「일하는 자」의 일상생활

No. 44 세계의 군복
형태와 기능미가 절묘하게 융합된 군복의 매력

No. 45 세계의 보병장비
군에 있어 가장 기본이 되는 보병이 지닌 장비

No. 46 해적의 세계사
다양한 해적들이 세계사에 남긴 발자취

No. 47 닌자의 세계
온갖 지혜를 짜낸 닌자의 궁극의 도구와 인술

No. 48 스나이퍼
스나이퍼의 다양한 장비와 고도의 테크닉

No. 49 중세 유럽의 문화
중세 세계관을 이루는 요소들과 실제 생활

No. 50 기사의 세계
기사의 탄생에서 몰락까지, 파헤치는 역사의 드라마

No. 51 영국 사교계 가이드
빅토리아 시대 중류 여성들의 사교 생활

No. 52 중세 유럽의 성채 도시
궁극적인 기능미의 집약체였던 성채 도시

No. 53 마도서의 세계
천사와 악마의 영혼을 소환하는 마도서의 비밀

No. 54 영국의 주택
영국 지역에 따른 각종 주택 스타일을 상세 설명

No. 55 발효
미세한 거인들의 경이로운 세계

No. 56 중세 유럽의 레시피
중세 요리에 대한 풍부한 지식과 요리법

No. 57 알기 쉬운 인도 신화
강렬한 개성이 충돌하는 무아와 혼돈의 이야기

No. 58 방어구의 역사
방어구의 역사적 변천과 특색 · 재질 · 기능을 망라

No. 59 마녀 사냥
르네상스 시대에 휘몰아친 '마녀사냥'의 광풍

No. 60 노예선의 세계사
400년 남짓 대서양에서 자행된 노예무역

No. 61 말의 세계사
역사로 보는 인간과 말의 관계

No. 62 달은 대단하다
우주를 향한 인류의 대항해 시대

No. 63 바다의 패권 400년사
17세기에 시작된 해양 패권 다툼의 역사

No. 64 영국 빅토리아 시대의 라이프 스타일
영국 빅토리아 시대 중산계급 여성들의 생활

No. 65 영국 귀족의 영애
영애가 누렸던 화려한 일상과 그 이면의 현실

No. 66 쾌락주의 철학
쾌락주의적 삶을 향한 고찰과 실천

No. 67 에로만화 스터디즈
에로만화의 역사와 주요 장르를 망라

No. 68 영국 인테리어의 역사
500년에 걸친 영국 인테리어 스타일

No. 69 과학실험 의학 사전
기상천외한 의학계의 흑역사 완전 공개

No. 70 영국 상류계급의 문화
어퍼 클래스 사람들의 인상과 그 실상

No. 71 비밀결사 수첩
역사의 그림자 속에서 활동해온 비밀결사

No. 72 영국 빅토리아 여왕과 귀족 문화
대영제국의 황금기를 이끌었던 여성 군주

No. 73 미즈키 시게루의 일본 현대사 1~4
서민의 눈으로 바라보는 격동의 일본 현대사

-AK TRIVIA SPECIAL

환상 네이밍 사전
의미 있는 네이밍을 위한 1만3,000개 이상의 단어

중2병 대사전
중2병의 의미와 기원 등, 102개의 항목 해설

크툴루 신화 대사전
대중 문화 속에 자리 잡은 크툴루 신화의 다양한 요소

문양박물관
세계 각지의 아름다운 문양과 장식의 정수

고대 로마군 무기·방어구·전술 대전
위대한 정복자, 고대 로마군의 모든 것

도감 무기 갑옷 투구
무기의 기원과 발전을 파헤친 궁극의 군장도감

중세 유럽의 무술, 속 중세 유럽의 무술
중세 유럽~르네상스 시대에 활약했던 검술과 격투술

최신 군용 총기 사전
세계 각국의 현용 군용 총기를 총망라

초패미컴, 초초패미컴
100여 개의 작품에 대한 리뷰를 담은 영구 소장판

초쿠소게 1,2
망작 게임들의 숨겨진 매력을 재조명

초에로게, 초에로게 하드코어
엄격한 심사(?!)를 통해 선정된 '명작 에로게'

세계의 전투식량을 먹어보다
전투식량에 관련된 궁금증을 한 권으로 해결

세계장식도 1, 2
공예 미술계 불후의 명작을 농축한 한 권

서양 건축의 역사
서양 건축의 다양한 양식들을 알기 쉽게 해설

세계의 건축
세밀한 선화로 표현한 고품격 건축 일러스트 자료집

지중해가 낳은 천재 건축가 -안토니오 가우디
천재 건축가 가우디의 인생, 그리고 작품

민족의상 1,2
시대가 흘렀음에도 화려하고 기품 있는 색감

중세 유럽의 복장
특색과 문화가 담긴 고품격 유럽 민족의상 자료집

그림과 사진으로 풀어보는 이상한 나라의 앨리스
매혹적인 원더랜드의 논리를 완전 해설

그림과 사진으로 풀어보는 알프스 소녀 하이디
하이디를 통해 살펴보는 19세기 유럽사

영국 귀족의 생활
화려함과 고상함의 이면에 자리 잡은 책임과 무게

요리 도감
부모가 자식에게 조곤조곤 알려주는 요리 조언집

사육 재배 도감
동물과 식물을 스스로 키워보기 위한 알찬 조언

식물은 대단하다
우리 주변의 식물들이 지닌 놀라운 힘

그림과 사진으로 풀어보는 마녀의 약초상자
「약초」라는 키워드로 마녀의 비밀을 추적

초콜릿 세계사
신비의 약이 연인 사이의 선물로 자리 잡기까지

초콜릿어 사전
사랑스러운 일러스트로 보는 초콜릿의 매력

판타지세계 용어사전
세계 각국의 신화, 전설, 역사 속의 용어들을 해설

세계사 만물사전
역사를 장식한 각종 사물 약 3,000점의 유래와 역사

고대 격투기
고대 지중해 세계 격투기와 무기 전투술 총망라

에로 만화 표현사
에로 만화에 학문적으로 접근하여 자세히 분석

크툴루 신화 대사전
러브크래프트의 문학 세계와 문화사적 배경 망라

아리스가와 아리스의 밀실 대도감
신기한 밀실의 세계로 초대하는 41개의 밀실 트릭

연표로 보는 과학사 400년
연표로 알아보는 파란만장한 과학사 여행 가이드

제2차 세계대전 독일 전차
풍부한 일러스트로 살펴보는 독일 전차

구로사와 아키라 자서전 비슷한 것
영화감독 구로사와 아키라의 반생을 회고한 자서전

유감스러운 병기 도감
69종의 진기한 병기들의 깜짝 에피소드

유해초수
오리지널 세계관의 몬스터 일러스트 수록

요괴 대도감
미즈키 시게루가 그려낸 걸작 요괴 작품집

과학실험 이과 대사전
다양한 분야를 아우르는 궁극의 지식탐험!

과학실험 공작 사전
공작이 지닌 궁극의 가능성과 재미!

크툴루 님이 엄청 대충 가르쳐주시는 크툴루 신화 용어사전
크툴루 신화 신들의 귀여운 일러스트가 한가득

고대 로마 군단의 장비와 전술
로마를 세계의 수도로 끌어올린 원동력

제2차 세계대전 군장 도감
각 병종에 따른 군장들을 상세하게 소개

음양사 해부도감
과학자이자 주술사였던 음양사의 진정한 모습

미즈키 시게루의 라바울 전기
미즈키 시게루의 귀중한 라바울 전투 체험담

산괴 1~2
산에 얽힌 불가사의하고 근원적인 두려움

초 슈퍼 패미컴
역사에 남는 게임들의 발자취와 추억